航天科工出版基金资助出版

砥砺前行的航天人

（第二辑）

中国航天科工集团有限公司　编

中国宇航出版社
·北京·

图书在版编目（CIP）数据

砥砺前行的航天人. 第二辑 / 中国航天科工集团有限公司编 . --北京 ：中国宇航出版社，2018.9

ISBN 978-7-5159-1494-7

Ⅰ. ①砥…　Ⅱ. ①中…　Ⅲ. ①航天科技－工程技术人员－生平事迹－中国－现代　Ⅳ. ①K826.16

中国版本图书馆 CIP 数据核字（2018）第 151853 号

责任编辑　侯丽平　　　封面设计　宇星文化

出版发行　中国宇航出版社

社　址　北京市阜成路 8 号　　邮　编　100830

(010)60286808　　(010)68768548

网　址　www.caphbook.com

经　销　新华书店

发行部　(010)60286888　　(010)68371900

(010)60286887　　(010)60286804(传真)

零售店　读者服务部

(010)68371105

承　印　河北画中画印刷科技有限公司

版　次　2018 年 9 月第 1 版　　2018 年 9 月第 1 次印刷

规　格　787×960　　开　本　1/16

印　张　11.75　　字　数　210 千字

书　号　ISBN 978-7-5159-1494-7

定　价　38.00 元

《砥砺前行的航天人》
编委会名单

编审委员会

编写委员会

编委会办公室

序　言

中国航天事业自1956年创建至今，已经走过了60余年的辉煌历程，发生了惊天动地的沧桑巨变：从无到有，从小到大，从学习模仿到自主研发，从单一装备到体系完备，从国之干城到民之卫士，逐步创建并探索出一条符合中国实际、具有中国特色的发展道路。

中国航天科工集团有限公司作为战略性、高科技、国家级创新型企业，始终牢记“科技强军、航天报国”使命，坚持服务国家发展战略、服务国防建设、服务国计民生，以技术创新、商业模式创新和管理创新谋求转型升级，构建了完整的防务装备技术开发与研制生产体系，为我国国防现代化建设作出突出贡献的同时，积极投身于国民经济主战场，在商业航天、工业互联网、智慧产业等领域，取得了一系列重大成果，企业综合实力不断提升，为早日建成国际一流航天防务公司奠定了坚实基础。这些成绩的取得，得益于党中央、国务院、中央军委的正确领导，得益于全国人民的鼎力支持，得益于全体干部员工的不懈奋斗。

2018年，中国航天科工集团有限公司在“世界500强”排行榜中位列第346位，在“中国企业500强”中位列第79位，在“中国500最具价值品牌”榜单中位列第45位。

一项项成绩的背后，是近15万航天科工员工的智慧、激情、创新、汗水和日日夜夜的付出，这背后的故事应当走进我们心间，成为共同的记忆和鼓舞奋进的精神力量。

因此，中国航天科工集团有限公司决定，陆续集结出版《砥砺前行的航天人》，收集1999年公司成立以来各类报刊公开报道过的一线人员的事迹，忠实记录一代代航天人接续奋斗的深深足迹。

岁月铭刻着奋斗的艰辛，历史映射出精神的光芒。透过一个个先进模范攻坚克难的真实故事，我们不仅可以看到航天科工积极投身改革创新的火热实践，还能感受到一线人员朝气蓬勃、奋发向上的精神风貌，更能体会那股“不服输、敢创新，顾大局、讲协同，重实干、比贡献”的精神禀赋。

梦在前方，路在脚下。推开新时代的大门，建成具有全球竞争力的世界一流企业的美好蓝图在激励我们奋斗。中国特色社会主义进入新时代，航天科工就要有新气象、新作为，奋力走好新时代的长征路。历史只会眷顾坚定者、奋进者、搏击者，而不会等待一切犹豫者、懈怠者、畏难者。希望此书能激励更多航天员工不忘初心、牢记使命，在追寻强国梦、航天梦的生动实践中放飞人生梦想，在不懈奋斗中书写人生华章，在星辰大海的见证下，携手向着“探索浩瀚宇宙，发展航天事业，建设航天强国”奋勇进发……

目　录

宋启茹：车床刀客显真功

刘　洋

人物名片

宋启茹，中国航天科工集团公司二院283厂车削加工带头人，特级技师，多个技改项目获得国家、省部级奖，荣获“国防科技工业技术能手”称号，入选《当代中国能工巧匠名人录》，享受政府特殊津贴。

采访印象

对宋启茹的采访是在车间一个简陋的更衣室里进行的。虽然参加过各种比赛，在各种场合领过奖，但面对拿着录音笔的笔者，宋启茹还是显得有些拘谨。用宋启茹的话说，就是“要咱们工人师傅干活肯定没问题，可要这样坐下来说就不知道怎么开口了”。最终，话匣子还是从技改方面打开了，说到自己干的活儿，宋师傅格外兴奋，也许这就是这位有着40多年车工经验的老师傅一生的追求吧。

刻苦钻研一腔热情求知路

40 多年前，一个年轻的小伙子，拖着简单的行李踏进了二院的大门，瘦弱的身材、平凡的相貌，在二院忙碌的人流里显得那么普通。40 多年后，当年的小伙子已经成长为一位特级技师、优秀共产党员，他就是宋启茹。刚进入二院时宋启茹只有 16 岁，被单位安排从事车工工作，他欣然接受，这一干就是 40 多年。在这 40 多年里，与宋启茹一同进入二院的几十个同事，大多都改行了，一直坚持在车工岗位上的寥寥无几。而他，却从黑发干到了白头。刚参加工作的宋启茹只有初中文化，他清楚地认识到，仅凭自己有限的知识很难应对艰巨的科研生产任务。于是，年轻的宋启茹每天守在机床前摸索加工技巧。昏暗的车床灯模糊了宋启茹的眼睛，他揉一揉接着看；飞溅的金属屑烫伤了皮肤，他擦一擦接着干。凭着一股不怕苦、不怕累的精神，宋启茹熟练地掌握了车工技术。但年轻的宋启茹并不满足于此。当得知当时北京市技术交流站开办车工技术培训班的消息后，宋启茹立即向厂里请示，主动要求学习。经批准后，宋启茹每周抽出一天时间到北京市技术交流站，与业内人士进行技术交流，悉心学习。他像一棵稚嫩的树苗扎根在肥沃的土壤，努力地吸收着营养。当别人下班回家躺在沙发上舒坦地看着电视的时候，当别人和朋友开心聚会的时候，宋启茹总是一个人呆在屋子里。一个馒头、一碗粥、一本书就是他的“晚餐”，常常是馒头硬了、粥凉了、书本热了。就这样，宋启茹自学了《金属车削加工原理》等数门专业课程，掌握了工程力学、机械制造等专业知识。扎实的理论功底让宋启茹在实践中比别人多了一层“底气”，在工作中更加得心应手，这也为他后来在生产中解决实际问题打下了坚实的基础。现在，宋启茹已经是北京市技术交流站的副站长。他说，从事任何一个行业，都需要有“活到老、学到老”的精神。

技改攻关型号战线展风采

283厂曾在铝合金薄壁舱体加工中存在技术瓶颈，产品报废率接近50%，加工成本居高不下。如此高的浪费让厂领导着急，让车间主任心忧。宋启茹看在眼里急在心里，他暗下决心，一定要解决这道难题。于是，他和车间几位技术骨干共同挑起了攻坚重任。那段时间，人们总是能看到宋师傅站在机床旁，歪着头仔细观察车床加工零件的过程。他连走路的时候、躺在床上休息的时候也在想着技改问题。有时候，宋启茹甚至在饭吃到一半的时候，也会摸着圆形的碗，不知不觉地陷入沉思，脑海里浮现出在切削力、切削热及装夹力的共同作用下的舱体模样。怎样才能在加工过程中有效地避免舱体变形呢？“减少零件所受非均匀径向力！”一个念头一闪而过，灵感的爆发就在那一瞬间。宋启茹抓住了这棵“救命稻草”，沿着这条思路向更深处探索。此时，夜已深，喧嚣的城市早已安静了下来，而宋启茹躺在床上久久不能入睡，脑海里浮现的还是机械工装：一个圆、一个面、一个点……当天空露出鱼肚白的时候，一套完整的夹具结构图在宋启茹的心中已经形成。一上班，宋启茹就联合几个技术骨干共同设计了薄壁筒体加工系列夹具，并相应调整了加工步骤和刀具切削参数。经生产实践证明，这组夹具结构合理，定位可靠，夹紧均匀，整体刚性高，通用性好，而且因其轻便、灵活，切削速度提高了一倍。这不仅大幅度降低了切削力，改善了切削条件，还大大减轻了工人的劳动强度。铝合金薄壁壳体类零件的系列工装及工艺方法研制成功后，在生产中发挥了巨大作用，产品合格率由原来的52%提高到99%。该项目先后获得航天奖、北京市优秀技术成果奖等奖项，因其用途广泛，一直被沿用至今。现在，当年轻的工艺人员第一次接触到这套工装时，都惊叹道：“宋师傅，您是怎么想出、做出这么好的东西呢？”宋启茹听后，总是淡淡一笑。

某型号通道体加工是一项艰苦的工作，不仅零部件复杂，生产周期也非常紧。在这项任务中，宋启茹一个人满腔热情地担负起了平时几个人的工作量，全身心地投入到工作中。但只有积极性还不够，通道体加工是一项复杂的工作，有数百个尺度需要宋启茹下功夫琢磨。为了更好地把握尺度，他总是站在机床前，斜弯着身子一动不动地观察，1 个小时、2 个小时，甚至更长时间。有的时候，不熟悉宋启茹的人总会问："宋师傅，你的肩膀怎么一个高一个低呀?"原来，为了观察车床加工零件的情况，他总是保持一个肩膀高一个肩膀低的姿势，日积月累，宋启茹连体形都发生了改变。就在通道体加工如火如荼进行的时候，宋启茹的家里传来了消息：母亲年事已高，身体也出现了状况，由于无人照料，只好被送进了养老院。得知生病的母亲被送进养老院，宋师傅心里很不是滋味，他知道，老人家是多么希望儿子能在旁边照顾着，哪怕说几句暖心的话也好呀，但此时正是型号任务最为关键的时候，自己无分身之术啊。在这项任务完成的过程中，宋启茹没有为家里的事请过一天假，只是在每个休息日，他带着满怀的愧疚，陪伴在母亲的身边。

游刃有余一手刀技显真功

研磨刀具对于机加专业的工人而言是极其重要的。对宋启茹而言，长期的钻研练就了他对刀具游刃有余的把握——在熟悉材料特性的情况下，一刀下去，他能准确地知道会车出什么样的效果，会出什么类型的金属屑。在一次零部件加工任务中，要求在短时间内加工出4000枚螺母，但当时的加工技术很难在规定的时间内保质保量完成任务。宋启茹走到机床前，看看转动的刀具，听听机床的声音，眉头紧锁。一旁的工人们也都屏气凝神，很想帮宋启茹一把，却无从下手。就在这个时候，只听见宋启茹长舒一口气，一个健步向前，关掉机床，对刀具角度稍作调整。面对大家疑惑的眼神，宋启茹毫不犹豫地再一次开启机床，一刀下去，刀具车削螺母的声音格外悦耳，宋启茹露出了胜利的微笑。就是这个刀具角度的小小调整，让随后的工作轻松了许多，4000多枚螺母在改良后刀具的加工下，顺利地“走”下机床。在一次某舱体加工中，机床出现剧烈颤抖，因为大家找不到合适的解决办法，停工了很长一段时间。宋启茹得知此事后，先对加工的零件和整个加工工艺进行了研究，随后又对使用的刀具进行了角度调整。在大家的惊叹声中，机床顺畅地运转起来。宋启茹先后进行了多项刀具革新，研制出结构合理、紧凑的回转刀具，解决了集成油路通道体中超半径内球腔体的加工难题；金刚石刀具切削技术实现了活塞孔内表面的超精加工，获二院技术改进二等奖；攻克了高精度钛合金轴类零件精密加工技术，成功地应用于多个重点型号中的关键件；改进了舵轴、输出轴的加工工艺，使产品合格率由55%提高到99%，并应邀参加了华北地区刀具技术表演。

乐于奉献毫无保留传帮带

如今的宋师傅已到了退休的年龄，但依然在车间发挥着余热，并以他多年加工的经验和精湛的车工技艺，担任技术顾问和产品质量复检组组长职务。与此同时，宋启茹将自身多年在机械加工方面、特别是研磨刀具的宝贵经验毫无保留地传授给年轻人，无论是谁向他求教，他都会尽全力去帮助。不过，要宋启茹“帮人”，也是有条件的，最重要的一点，就是对方要肯学。在车间，经常可以看到学数控车床的年轻工人找宋师傅学习磨刀技术，并将此技艺用到更为先进的数控车床加工中去。俗话说，“教会徒弟，饿死师傅”，宋师傅对此不以为然。他说：“每一项技术都是在教学相长中得到提高的。我在将自己的技术传授给别人的同时，也会从别人那里得到新的知识，从而取得新的进步。何况，技术生不带来，死不带去，只有在工人手里传承，才能发挥最大的作用。”随着宋启茹的声名远播，许多单位慕名而来，请他介绍刀具的使用经验，宋师傅总是耐心细致地为来访者传授技艺。有人说他傻，而宋师傅却说：“不管别人怎么说，我都没放到心里去，人不能只以金钱来衡量得失。”现在，宋师傅最想做的一件事，就是能将自己40多年的经验进行总结，供后来者参考。

乒台猛将人称横拍“宋大刀”

在二院，喜欢打乒乓球的人都知道有个球技多变而且球风硬朗的乒乓球高手宋启茹，因手持横拍而被大家送一绰号——“宋大刀”。“宋大刀”有着40多年的“球龄”，和工龄一样长。他每周都要找几个球友打上几场，几十年不变。从来没有接受过正规训练的“宋大刀”，打起球来却是有板有眼，一招一式都颇具球星风范。他说，打乒乓球就和干车工一样，刚开始打的时候是模仿别人，看别人怎么使拍、用力旋转，接下来要靠自己琢磨体会，通过不断实践提高自己的水平。2007年，宋启茹参加了由全国总工会举办的全国职工乒乓球赛，在劳模组，宋启茹一路过关斩将。在进16强的比赛中，宋启茹遭遇到一名颇具实力的选手，但他不惧强敌，以熟练的横拍对阵，最终以3比0获胜。只是在8强比赛中，宋启茹惜败给一名年轻选手。对此，他很不“服气”，并盼望着下次比赛快些到来。宋启茹说，作为一名车工，面对繁重的科研生产任务，不论是体力上还是精神上，都要面对巨大的压力。如果没有健康的身体，就很难适应，更谈不上创造好的成绩。他说，身体是“1”，其他都是“0”，有了健康，一切才有意义。

发表媒体：《中国航天报》
发表时间：2009年5月21日

刘丽霞：航天热土上绽放的铿锵玫瑰

索阿娣

人物名片

刘丽霞，历任中国航天科工集团公司北京控制与电子技术研究所工程师、主任设计师、总师助理、副总设计师。

由于工作出色，她先后获得2005年国家高级技术863某重大专项专家组某型号系统先进个人、2007年国家高级技术863某重大专项专家组“十五”期间杰出贡献先进个人、2007年总装备部军队科技进步二等奖、2008年中国航天基金会国防科技重大突破专项奖个人二等奖和2009年全国五一劳动奖章。

对话主人公

记者：很多人说你是个女强人，你是怎么看待自己的？

刘丽霞：其实，在北京控制与电子技术研究所甚至整个航天系统，性别差异并不是十分明显。在航天系统里，工作干得出色的女性有很多。我不认为自己很强，但是我对工作有高度的责任感，只要是交给我的任务，我都会尽力去做好。事实上，我这个人是比较注重生活品质的，也有诸多爱好，比如看杂志、逛街等。但近些年来，因为工作繁忙，花在这些爱好上面的时间越来越少。

记者：从业20年来，你认为自己做的最正确的事情是什么？

刘丽霞：我的20年职业生涯，一半的时间花在军品上，一半的时间花在民品上。无论出现什么情况，我都会坚持走适合自己的技术路线，这是我认为做得最正确的事情，我也经常对团队里的年轻人这样讲。现在的年轻人生活压力普遍较大，但我希望他们无论干什么工作，都要专心致志，充满责任心。

记者：未来你希望在哪些方面做出一些尝试？

刘丽霞：从技术角度讲，我希望将自己擅长的信息化、数字化技术更多地用于火箭控制领域，使控制系统变得更加可靠，大大提高飞行的成功率。从团队角度讲，我希望能够当好一名领路人，为年轻人搭建更好的成长平台。

个子不高，酒红色短发，说话时语速较快，但嘴角常带着微笑。这就是北京控制与电子技术研究所的刘丽霞给人的第一印象。

目前担任中国航天科工集团公司多个重点型号副总设计师的刘丽霞，在火箭控制系统设计领域成绩斐然，大家都称她是一朵正在航天热土上绽放的“铿锵玫瑰”。

痴迷数学的湘妹子

1964年8月，刘丽霞出生在湖南省新邵县的一个普通农民家庭中。

与很多女孩子不同，她对数字有着与生俱来的亲近感。初中时她便多次在数学竞赛中取得优异成绩，18岁时就以高分考入重庆大学自动化系自动控制专业。

山城的景色很美，但刘丽霞却没有过多地陶醉于其中。她经常泡在图书馆里汲取知识。此时的刘丽霞对数学依然保持了极高的热情，在一次野炊活动中，同学从刘丽霞书包里翻出些废稿纸打算引火，竟发现上面密密麻麻地写满了各种数学公式、演算数据，大家对这个性格有些内向的湘妹子如此痴迷于数学都感到非常吃惊。

1986 年，在刘丽霞即将大学毕业时，一个免试推荐去航天二院攻读硕士研究生的机会降临了。想到能在自动控制专业领域继续深造，她着实兴奋了好一阵子。从此，刘丽霞踏进了她之前并不太了解的航天科研领域，二院研究生部也又多了一个勤奋的身影。

在导师陈世年（现为国际宇航科学院院士）的指导下，刘丽霞参与了某重大课题的研究，引起了不小反响。该项目获得了国家科学技术进步奖二等奖，她撰写的论文也荣获二院青年科技论文奖。

毕业后，刘丽霞留在北京控制与电子技术研究所工作。该所长期从事控制系统及电子设备的研究。1989—1993 年，她参与了该所“川东电网调度”项目的开发，该项目获得电力系统优质项目奖。

1993—2000 年，为了开阔自己的眼界，刘丽霞离开北京控制与电子技术研究所，到多家知名的高科技企业工作。刘丽霞表示，这段经历使她变得更加自信，更加注重效率。

在业务上独当一面

离开北京控制与电子技术研究所后，刘丽霞在外面的企业里虽然学到了很多知识，但始终不能完全发挥出自己的专长。在得知航天迫切需要既懂控制系统又懂计算机应用的人才后，她于 2000 年重新回到北京控制与电子技术研究所，从事运载器控制系统综合设计。

运载火箭控制系统设计是一项复杂的系统工程，而北京控制与电子技术研究所又是中国航天科工集团公司唯一的控制系统研究所。刘丽霞回到该所后，就深知将面临巨大挑战。刚开始，她还有些不适应，大概有半年的时间都是泡在资料室里学习或向老专家们请教。

在渐渐找回搞航天科研的感觉后，她便立即投身到“中国全固体运载火箭”的控制系统研制工作中。

此项目的研制难度极大，因为该固体火箭要求具备发射机动、操作简单、成本较低等特点，将用于发射微小卫星，以满足资源普查、环境监测、科学实验等领域的需求。经过努力，刘丽霞与同事们实现了一种新型的入轨控制，实现了利用小姿控动力装置对大推力发动机实现推力矢量控制等一系列技术创新，圆满地完成了任务。

在该运载火箭进行飞行试验的头一天晚上，刘丽霞彻夜未眠，脑海中就像放电影一样，对产品的设计过程、试验覆盖性和最终状态进行回想，直到确认都没问题后才稍微安心。第二天，当看到火箭发射成功时，她激动地热泪盈眶，感觉“那就是自己的孩子”。

在固体运载火箭项目研制成功后，刘丽霞开始参与国家863项目的竞标，并带领项目组成功胜出。为了准备竞标方案，刘丽霞甚至在大年三十还在办公室加班。面对巨大的工作压力和精神压力，她始终保持清醒的头脑和旺盛的斗志，鼓舞大家不断前进。

那个时候，刘丽霞的孩子正在上小学，而一周工作6天已成为刘丽霞当时生活的最常态。就在刘丽霞陷入努力工作与照料孩子互相矛盾的境地时，她的爱人、婆婆及公公都对她给予了充分的理解，为她创造了一个相对宽松的工作环境。

竞标成功后，刘丽霞开始关注如何保质保量完成任务。在工程研制过程中，她逐渐成长并开始独当一面，不久后便组织完成了该项目的设计及试验，圆满地完成了控制系统综合试验和合练。

10年来，刘丽霞先后担任过副主任设计师、主任设计师、总师助理、副总设计师等职务。尽管工作的难度和强度越来越大，但她总是任劳任怨，尽己所能，做好每一份工作。常年与型号任务打交道，刘丽霞面对质量问题，形成了一套自己的处理方式。

有一次，她担起了某型号控制系统初样综合试验的重任，并为之倾注了大量心血。

那段时间里，刘丽霞每一天都在试验现场度过，和设计人员一起加班加点。但是第一次综合试验却暴露出较多的质量问题。故障出现后，刘丽霞立即冲在第一线，带领设计师严格控制技术状态，充分落实试验论证，仔细分析试验数据，查找故障深层原因，并进行举一反三的修改，最终顺利完成了综合试验。

作为型号副总设计师，刘丽霞不仅严于律己，还通过自身行动把质量意识灌输到每一位设计师心中。她一直坚持“严、慎、细、实”的工作作风，努力将型号设计队伍打造成一个拥有良好质量理念的集体。

近年来，各种荣誉纷至沓来。面对荣誉，她坦然地说：“一方面，这是各方领导对我工作的肯定；另一方面，荣誉也意味着更大的责任。”刘丽霞表示，过去的个人荣誉已不再重要，现在她要将更多的目光投向团队，为其服务。

一个团队的领头羊

曾有业内专家表示，在火箭控制系统设计团队中，需要有一位强有力的领军人物把握全局，对各分系统的工作进行综合协调。这就好比珍珠被一根主线串接后，才能形成一条漂亮的项链。要想成为领军人物，除了能对现行技术把好关外，眼光还要有前瞻性，刘丽霞恰恰都具备这些素质。

由于历史的原因，航天人才曾出现“断档”现象。在刘丽霞的专业组里，白发苍苍的老专家和经验匮乏的年轻人占了绝大多数，缺乏精力与经验俱备的中年人作为过渡。

面对这种情况，身为领军人物的刘丽霞总是想方设法地把自己的知识和经验传授给年轻人。她经常组织技术讨论，让年轻人大胆说出自己的观点，并给予正确的指导。没过多久，这些年轻人不少都能独立承担控制系统设计工作和外场大型试验的技术保障任务。看到他们渐渐成为航天技术骨干，刘丽霞打心眼里感到高兴。

在繁重的科研和管理工作之余，她还承担起培养硕士研究生的工作。除了对基础理论方面的指导，她尤其看重对学生实践能力的培养，努力为他们创造良好的学习和操作环境。

“从开题、指导论文到论文审核、答辩，她都一丝不苟，层层把关。”刘丽霞带的一位研究生向记者介绍。如今，她培养的研究生大都在重要岗位挑起了大梁。

为了给团队起到技术引领作用，刘丽霞十分重视预研工作。在2002—2003年间，她担任了研究所某项目的主任设计师。在广泛调研国内外航空航天飞行器运用情况的基础上，她结合有关要求，顺利完成了预研项目，该项目的成果目前已成功应用于某重点型号中。

现在，她又马不停蹄地开展另一个预研项目的立项论证工作。

刘丽霞心直口快，很有个性，当发现团队中某人或某个地方存在问题时，她就一定要指出来。同时，她也经常诚恳地希望他人指出自己的缺点。

她对记者说，她非常推崇一本名叫《感谢折磨你的人》的书，并把它作为礼物送给了刚上大学的儿子。

之后她对记者解释了理由：作为一个团队的领头羊，当然希望每一个人都能获得一个宽松舒适的成长平台，而不是去折磨他们。但是，团队成员在科技攻关过程中，免不了会受到各种各样的“折磨”。大家只有咬牙去克服困难，而非抱怨，团队的战斗力才会更加强大。

采访快结束时，刘丽霞向记者描绘出她心目中理想的技术图景：发挥好牵引作用，将信息化、数字化技术更多地用于火箭控制领域，使得控制系统更加可靠，大大提高飞行的成功率，真正满足用户需求。

发表媒体：《中国航天报》
发表时间：2009 年 10 月 15 日

航天报国铸辉煌

——记〇六一基地参战国庆阅兵装备保障工作的幕后英雄

刘玉国

"男儿有泪不轻弹，可当我们的产品顺利驶入天安门广场时，我再也无法抑制内心的激动，任凭泪水滑落……。"

12月8日，在〇六一基地举行的建国60周年国庆阅兵装备保障工作先进表彰仪式上，承担了装备保障工作的贵州航天天马机电科技有限公司总装车间职工占金永站在演讲台上，话语激动，泪光闪烁。

占金永一席话道出了〇六一人的心声。

10月1日，见证过共和国波澜壮阔历史的天安门广场，列兵方阵以排山倒海之势阔步走来，装备方阵挟雷霆万钧之势滚滚向前。

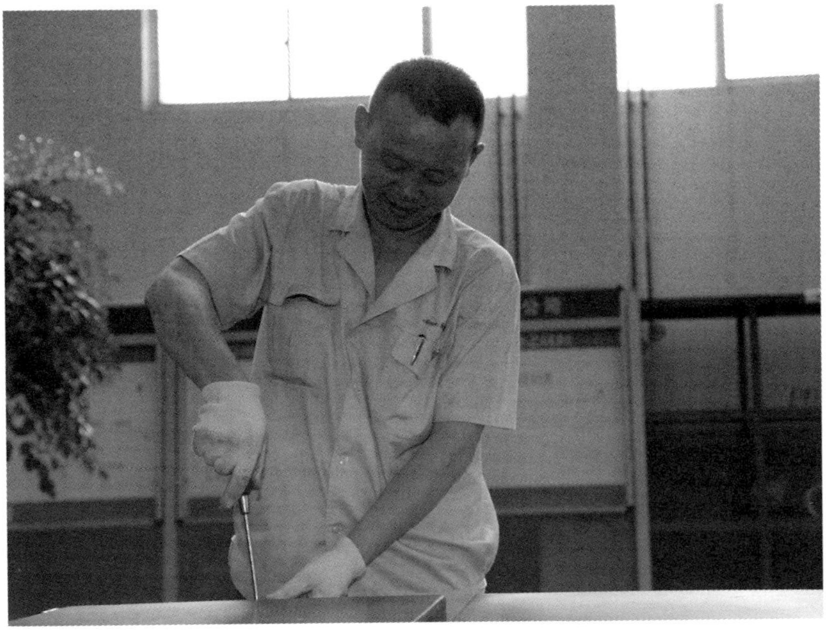

为人所不知的是，为了天安门前昂首挺胸的骄傲，承接了受阅装备研制、生产、保障任务的〇六一人付出了太多太多……

研制篇

时间异常紧张、任务异常繁重、形势异常严峻！

参阅装备、新型号产品作为我国自行设计研制、第一个拥有自主知识产权的装备系统，技术难度大、研制任务紧。广大科技人员迎难而上，超常规、超负荷工作。有人连续出差 200 多天，有人在零下 20 多度的戈壁一呆就是几个月……

型号总设计师袁运生，一位 60 多岁的老专家，3 年中不顾身体虚弱，加班近 4000 小时；型号副总师赵玉才，率领他的团队进行了上千次仿真试验，终于摸索出增强系统能力的方法，而爱女却因自己无暇照顾溺水身亡；型号副总师孙多兴，带领地面设备研制团队，试验用过的半导体器件都能装几箩筐。他们冒着零下 40 度的严

寒，在冰冷的戈壁滩上加班加点干活，连眼睫毛都结了霜，大家都成了“白眉大侠”……

在老、中、青三代科技人员的不懈努力下，新型号研制披荆斩棘，快速推进，取得了当年定型、当年投产、当年交付的优异成绩。

生产篇

90 天完成交付！在这样紧迫的时间里要完成如此繁重的任务，谈何容易？

接到任务当晚，一套具体方案迅速出炉。次日清晨，工厂召开动员大会。物资保障、能源供应、生产保障、技术协调等相关责任人纷纷签下军令状。

生产厂房灯火通明、设备轰鸣、机床转动、焊花飞舞……数百名生产技术骨干义无反顾地投入到生产第一线，争分夺秒抓进度。寒冬腊月，在没有取暖设备的机床边，在室温仅有 5～6 摄氏度的生产现场，随处可见一张张被冻得通红的面孔。

“全国劳模”毛腊生连续 20 天彻夜鏖战。在最为紧张的抢制期间，他的母亲患绝症卧床不起。他委托好家人去照顾，自己却毅然选择留在阅兵产品抢制第一线。两个月后，母亲病逝，毛腊生满怀愧疚，嚎啕大哭。

随着一件件重要部套件迅速走下机床，走上装配流水线，一把把闪着银色光芒的卫国“利剑”最终横空出世，走向了聚焦世界目光的天安门广场。

保障篇

要将阅兵保障工作做到万无一失绝非易事！

占金永 3 月进入阅兵村，配合部队对装备进行保障。每晚部队训练结束后，他们都要细致检查装备到很晚。

好事多磨！4 月 13 日，占金永发现受阅发射车定向器前横梁支架出现裂纹和变形，急忙向上级汇报。接到报告后，基地启动了紧急预案，立即成立问题处理领导小组，从原材料进厂开始复查。问题牵动着每个人的心，大家都感到肩头沉甸甸的责任。会议一个接一个，工人加班加点……4月中旬，基地组织保障队赴河北完成了更换工作。经过专业检测，得知设备材质并无问题。考虑到装备故障也许是北方严寒所致，基地决定对前横梁做低温试验。在零下40多度的冷藏室进出，试验小组成员全部患上重感冒。试验结果出来，和预想的一样。问题很快得到彻底解决。

7、8月正值北京最热的“桑拿”天儿。闷热的底盘下，占金永和同去的技术员汗如雨下无暇顾及，满脸油污全然不知，有时为了紧急解决装备故障，连饭也顾不上吃。

为达到最佳展示效果，7月中旬，军方对某型号产品提出“受阅姿态十度角”要求。接到任务后，公司在批产任务繁重的情况下，作出“批产停，保阅兵”的决定。生产一线工人加班加点，夙兴夜寐。中午气温高达40度，占金永和技术员站在滚烫的车厢板上对坚硬的限位板进行打磨，“磨光机都磨坏了一把”。对面装备在喷漆，刺鼻的气味熏得他们喘不过气。“一天下来，鼻子都是绿的。身体水分全蒸发了，尿都没有。汗往眼里灌，睁不开眼。”占金永回忆道。

在国家最需要的时刻，〇六一人毅然选择了与祖国同呼吸共命运。他们顽强拼搏，全力以赴，用实际行动诠释了“国家利益高于一切”的核心价值观，奏响了航天报国的恢弘乐章！

发表媒体：《劳动时报》

发表时间：2009年10月16日

一个喜欢刨根问底的人

——记两个阅兵型号总设计师袁运生

周登梧

小档案：袁运生，男，1943年9月出生于湖南省常宁市，1965年3月加入中国共产党，1966年8月参加工作，〇六一基地“9910”和“0910”两个阅兵型号总设计师，防空导弹系统设计专家，研究员，硕士生导师，〇六一基地302研究所第八任所长。

主要荣誉：获国家科学技术进步奖一等奖一次、二等奖两次，航天部科技进步奖一等奖两项；获航天奖、型号研制突出贡献奖、航天基金奖，享受国务院政府特殊津贴；被评为航天有突出贡献专家、国家有突出贡献中青年专家、省优秀科技工作者、国防科技工业系统劳动模范。

采访印象：身体健朗，气质颇佳，谦逊和蔼，充满睿智，思路清晰，一丝不苟。

专家感言：自己担任总设计师的两个型号分别参加了“9910”和“0910”国庆阅兵，看到这两个型号导弹方阵威武雄壮地通过天安门广场时，心情无比激动和自豪，感到此生无憾。

很多人都不喜欢刨根问底，尤其不喜欢被刨根问底。但一生奋斗在防空导弹型号武器系统研制岗位上的袁运生同志，却是一个喜欢刨根问底的人。通过对他的采访，我发现刨根问底是一名型号设计研制工作者不可或缺的科学精神。对技术，你不刨根问底，你就不可能真正明白，你怕刨根问底，你就是没底气，就是没有真正弄明白。对人生也是一样，你没有刨根问底的精神，你就可能生活得稀里糊涂。人有时确实需要装糊涂，但绝对不能真糊涂。喜欢刨根问底的袁运生，绝对不糊涂。其实，要做到刨根问底是非常不容易的，这是一种要求极高的科学态度和意志品质，必须做到逆境下的坚韧、顺境下的理智、常境下的有恒。有很多人距离真理、距离成功，往往就差最后一铲土，而袁运生同志，始终秉持刨根问底的人生信条，不把最后一铲土刨掉决不罢休，因此取得了巨大的成功，担任总设计师研制出的两个型号武器系统，都在国庆重大阅兵式上展现风采。

刨根问底锁定人生

“学这一行，就要爱这一行，爱这一行，就要干好这一行，要干好这一行，就必须长期坚持为之奋斗”。早在 40 年前，袁运生同志就锁定了自己的人生目标。他说的“这一行”，就是地空导弹武器系统设计研制工作。1966 年 8 月，袁运生同志从哈尔滨军事工程学院有翼导弹设计专业毕业，分配到上海机电二局 20 所总体室工作。1972 年 4 月，他放弃了上海优越的工作和生活环境，毅然来到〇六一基地所属地空导弹武器系统总体设计所——302 设计研究所，40 多年来一直从事防空导弹武器系统设计研制工作，先后参加、主持 7 个型号的导弹武器系统设计研制工作。几十年来，无论是做设计员，还是总设计师，袁运生同志对“这一行”的热爱，始终如一，初衷未变，激情未减。

如今已是66岁高龄的袁总，本该赋闲休息，而且两个孩子都在北京工作，可他就是离不开型号，不顾爱人和子女的劝导，仍坚持留在三线，留在〇六一基地302设计研究所型号设计研制的岗位上。他说："只要有型号，只要基地还用得着我，我就留下来。"弄得爱人两头放心不下，一会儿在北京，一会儿在三线，不停地奔波。

当笔者问他当年为什么要放弃上海优越的工作和生活环境到西部三线时，他的回答让笔者有些"不满"，因为笔者曾经采访一些支援三线的老同志，大多回答是"积极响应党的号召，至于去了做什么，没有想过"，而袁总的回答是："我从事的型号研制工作转移到了三线，上海虽然很好，但是如果没我喜爱的这个专业，我也不安心，三线固然艰苦，但只要有型号搞，我就安心，这是我喜欢的事业，如果〇六一基地没有型号，我肯定也待不下"。多么朴实无华的回答。当年到西部三线，袁总是想过的，而且是刨根问底地反复思考、权衡过的。所以袁总的人生坐标非常清晰，在这个非常清晰的人生坐标上，绘制了稳健的人生曲线，结出了丰硕的型号科研成果。

刨根问底研制型号

1997年，是基地经济形势最困难的时候，职工工资都不能按时足额发放，人才大量流失，在这种情况下，基地决定自筹资金研制某地空导弹武器系统，其难度和压力是非常大的。当时确实出现两种声音：一是不能上，理由是要钱没钱，要人没人，风险太大；一是必须上，理由是军品型号是基地的基业，生存的根本，没有型号只有死路一条，与其坐而等死，不如杀出一条血路。手里只剩下几个老专家的袁运生，坚决支持后者，毅然承担起了设计研制任务。他说："只要几大系统的老专家还在，队伍就能拉起来，总体所没问题!"当基地正式决定启动该系统的研制时，总体所的设计方案便已经出来了。袁总不是一个冒险的人，他早就刨根问底地盘算过了。他说："科学的东西不是赌博，能不能拿下来，你必须心中有数。"

对每一个分系统的技术状态，袁总总是刨根问底，不问明白决不罢休。设计系统的技术人员都害怕袁总，怕他过问，有的甚至对他的刨根问底十分抵触。但他从不计较，他说这是学术问题，不是针对个人，不管谁有多反感，他照样非弄明白不可。他说："对技术问题，我们必须都得弄明白，你明白，也得让我明白，所以我要问；我明白，也得让我知道你也明白，所以我还是要问；如果我们都没弄明白，那就更要问，就算拍桌子吵架，不搞清楚就是不行。"这样刨根问底的型号总设计师，确实让那些不求甚解的人十分恼火，但如果没有他的刨根问底，就很难有我们型号研制的成功。

作为型号武器系统研制的总设计师，就好比是一个乐团的总指挥，既要熟悉每一种乐器的性能，又要有统揽全局的能力。演出中哪种乐器或哪个音符出了问题，都会影响演出效果。而袁总指挥的这个"乐队"与之相比，难度更大。"航天产品必须万无一失，决不允许有任何失误，我们失败不起，要坚决按设计和试验程序办，问题归零。”这是袁总对技术和质量的要求。他以高度的事业心、责任感组织指挥整个研制工作，以刨根问底的科学精神弄清每一个技术状态，决不放过每一个细节，解决了研制中的许多重大技术问题。

袁运生同志身体素质很好，精力十分充沛，在型号研制中总是冲在第一线，他说他没统计过去了多少次靶场，在戈壁滩过了五个春节是肯定的。每次去靶场，少则两三个月，多则半年，设在戈壁荒漠里的试验场地，去过靶场的同志都深有体会，其艰苦程度可想而知。而袁总对靶场的艰辛，没有刨根问底，甚至没想过，这不是他关心的问题，所以也从不过问。他只关心技术问题，无论是零下40度的严寒气候，还是零上50度的酷热环境，技术问题不归零，就得刨到根问到底。

在某型号研制中，袁运生带领团队解决了多项关键技术，创造了在当时精度、可靠性方面等多个全国第一，得到时任航天部、空军领导的高度评价。该型号武器系统于1993年获航天部科技进步一等奖；1996年荣获国家科学技术进步奖二等奖。在历次的批抽检靶试中，均取得了优秀交付的出色成绩。在1999年的国庆阅兵式上，该型号导弹方阵威武雄壮地通过了天安门广场，接受了国人的检阅。

在某型号研制中，袁运生同志深知，该型号是基地自行设计研制的武器系统，技术难度之大，研制进度要求之快，前所未有。根据研制进展，他领导组织了攻关小组对各阶段研制中技术难度大的几十个项目进行攻关。为了加速研制进度，他身先士卒，主动放弃所有的节假日和休息时间，超常规、超负荷地工作，从型号研制启动到定型飞行试验都获得圆满成功，他平均每年加班近1000小时。在他的带领下，先后完成和解决了多项关键技术问题和试验中的突发问题。

某型号武器系统研制圆满成功，创造了该类型号系统研制史上的奇迹，是该类型号系统发展研制史上最富传奇色彩、最具研制特色的一个型号。从立项到完成设计定型试验，用了不到四年的时间，不仅谱写了型号产品发展研制的新篇章，而且又开了当年定型当年批产的先河，创造了该类型号武器系统研制经费最少、靶试效率最高、靶试质量最好的新纪录。该型号武器系统于2006年获国防科技工业科技进步一等奖；2007年荣获国家科学技术进步奖二等奖。2009年10月1日，又一个由袁运生同志担任总设计师的型号武器系统——某导弹方阵，在全世界亿万人民关注的目光中，威武雄壮地通过天安门广场。

刨根问底培养人才

笔者在采访袁总时问到人才培养，他谈得很少，也略显不满意，看得出袁总对年轻人要求很高，期望很高，也很着急。

通过对袁总周围同事们的采访了解到，在培养人才上，用“不保守”形容他远远不够，他不但不保守，还恨不得把自己所积累的丰富经验和所有知识都传授给年轻人。不管是不是袁总带的学生，还是所有请教过袁总的年轻人都十分敬佩袁总，他们说袁总记忆力特别好，有问题请教他，不但当场解惑，过段时间还要追踪过问，直到让你彻底弄明白为止。有时连请教他的人都忘记了，他还记得清清楚楚。

他经常参加基地和所里的课题评审会，会议通常都开得很长，他提问最多也最权威，有时评审会变成了专题知识讲座，袁总当起了培训师。但他认为搞学术最忌讳的就是一言堂，非常喜欢年轻人向他提问，鼓励大家都把脑筋开动起来，形成互动，要刨到根问到底。而对那些不求甚解的年轻技术员，也十分严厉，总是直截了当地提出批评，从不转弯抹角。

搞课题是培养人才的重要手段，硕士研究生培养点又对搞课题起到了很大的支撑作用，他希望在这方面得到进一步加强，逐步实现科技成果与人才成果双丰收。由他主持完成的某预研成果达到国际先进水平，课题组的年轻同志也得到了快速成长。正主持开展的某项目属于世界前沿课题，也是基地跨行业的课题，将于明年结题。通过开展课题研究，基地专业技术水平不断提升，专业领域进一步拓展，过去我们丢掉的一些专业，现在又逐步重新拣了回来。在他的指导和帮助下，所里的年轻科技人员迅速成长，部分同志已经成为技术学科带头人。

虽然袁运生同志在型号研制中成绩卓著，成果累累，但他却淡泊名利，一点也不喜欢刨根问底。作为地空型号武器系统的老专家，袁运生同志就像我们的航天拓荒牛，仍然顽强地奔忙在型号研制的第一线，为国家的国防现代化默默地奉献着一切！

发表媒体：《中国航天报》
发表时间：2009 年 11 月 19 日

张明龙：巧手“贴”出精彩人生

于雪梅　刘国新

“钻”进“心脏”干苦活

“献了青春献子孙”，这是航天人无私奉献的真实写照。张明龙的父亲也是中国航天科工集团公司六院红峡厂的一名员工。1989年，16岁的张明龙顶替父亲，进入该厂1车间贴片组工作，这一干就是20年。两代航天人的青春就像接力一样，毫无保留地献给了我国的航天事业。

贴片工作是发动机装药中至关重要的一道工序，而且是一道全手工操作的工序，产品的质量控制在很大程度上靠的是操作人员把关。大型发动机贴片需要操作人员进入壳体内部操作，狭小的空间

内充满刺鼻的气味，常熏得人头晕恶心，甚至呕吐。在近40摄氏度的高温操作环境下，操作人员找不到任何舒适的操作姿势，还必须佩戴防毒面具，体力消耗很大，十几分钟下来就已是汗流浃背。

小直径发动机贴片难度更大，由于机口直径小，操作人员勉强能将手伸进机口，单臂支撑着一干就是数小时。一台发动机贴片工作完成后，操作人员有时手抖得连水杯都拿不稳。贴片还是个技术要求很高的工作，粘接质量全靠经验和手感，稍有不慎就可能出现脱粘等问题，影响下道工序的正常进行。

此外，操作人员在发动机内部干活时，抽风机要不停地抽风换气，从而造成空气对流，形成“人工风”。由于长时间处于这样的工作环境，在贴片组工作多年的员工，大都患上了肩周炎。

“工作苦、责任重、风险大、要求高”概括了贴片工作的特点。20年来与张明龙一起进入贴片组的员工，有的调走了，有的离开了，但凭着对工作的热爱，他坚守在贴片组，而且还“钻”了进去。

“干事情凭的是兴趣，有兴趣，进步就快。”刚参加工作的张明龙对自己的工作非常感兴趣，特别想跟着师傅去干活。“訾师傅对我特别好，手把手教我，领着我一起干。”说起已经退休的师傅，张明龙内心充满了感激。那时候，生产任务并不多，但学徒仅仅两年，他就已经能够独立工作了。这也为他日后研究出许多高效的工装奠定了坚实的基础。

年轻时的张明龙深切地感受到，要应对将来工作中的各种困难必须加强自身业务知识的学习，还要结合工作不断地进行革新、发明，攻克一个个难关，掌握许多独门技术。

根据自己的工作经验，张明龙设计并制作出专用工具，解决了小开口发动机的绝热难题。他还掌握了一套过硬的贴片技术，解决了大型发动机头部加强段脱粘等问题。而针对此问题提出的合理化建议被工厂采纳后，效果良好，并写入了工艺规程。

张明龙设计制作了细长比较大的发动机的专用贴片工具和工装，使其绝热层贴片质量有了较大的提高。他多次参加六院和该厂组织的技术攻关，协助解决了某发动机前封头模压、涂底胶以及某发动机模压件的制作和粘贴等技术难题，极大地提高了生产效率，降低了劳动强度。由于善学好问，勤于钻研，不断用新知识、新技能充实自己，他的技术水平有了长足的进步，成为贴片岗位的“顶梁柱”。

“钻”出一手绝活

某国家重点型号发动机是红峡厂的支柱产品，但存在一个问题。在国内同行业中，这一问题也不同程度地存在，严重影响着航天产品的整体质量。2001 年，由于工作成绩突出、操作技能高超，张明龙被任命为贴片组组长，而解决这一“痼疾”，成为他上任后面临的第一个严峻挑战。

为了完成这项艰巨的任务，张明龙横下一条心，利用 3 年的时间夜以继日地反复试验、不断总结，终于练就了一手绝活。

张明龙虚心地向技术人员学习分析探伤 X 光片、绘制机械图纸、电脑文件检索等知识。3 年中，他几乎查阅了可能查找到的所有相关资料，在学习借鉴的基础上，做了大量有针对性的试验，提出了 10 余条提高发动机贴片质量的有效措施。

2004 年，该厂终于成功地攻克了这一技术难关。2006 年，该工艺攻关项目荣获集团公司青年创新奖。

2003 年年底，某型号发动机绝热后探伤，发现一个问题，如果报废发动机，不仅会造成数百万元的经济损失，还将延误产品的交付时间，带来不可估量的损失。

作为组长和技术骨干，张明龙主动承担起这项任务。他连续 20 多天吃住在车间，除了圆满完成正常的工作外，还按时、优质地完成了修补工作，为该厂挽回了损失。

在制作过程中，某型号发动机存在某问题。张明龙与同事们经过仔细研究后，提出的方法降低了废品率，保证了科研生产任务的顺利进行，每年可为该厂节约资金4万余元。

某研制型号工艺复杂，张明龙在反复琢磨后决定使用某方法，使该型号软帽粘贴难度大幅度降低，更好地保证了产品结构和尺寸。

某型号燃烧室贴片采用工艺环成型方法，操作过程中，经常出现绝热层台阶缺料和成型尺寸满足不了精度要求的缺陷。张明龙与同事们一起设计制造了某型号后封头非金属台阶模压成型工装，能够提前检查出非金属台阶的型面尺寸和缺料情况，有效地避免了固化时的不可检查性。

一项项新方法的提出、一个个新工装的使用，都凝结着张明龙多年刻苦钻研的心血，随着技术的日益纯熟，一个个荣誉也接踵而来。

班组的“三心”带头人

火车跑得快，全靠车头带。在张明龙的带领下，贴片组的11名

员工积极进取、奋勇争先，该班组形成了肯动脑、爱钻研的良好工作氛围。

好的班组，一定有优良的作风。“贴片是纯手工操作，责任心很重要!”这是张明龙在采访中反复强调的一句话。贴片是一项集体作业，每个人的每项工作都含糊不得。

为了强化班组每位员工的责任心，班前会上、操作过程中、平常谈心时，张明龙都不厌其烦地反复灌输、强调责任心对贴片工作的重要性。有了强烈的责任心，大家的积极性、主动性调动起来了，人人参与钻研各种方法，保证产品质量；质量在我心中、质量在我手中的班组格言被每个人牢记在心，并践行到实际工作中。

细心是张明龙带好班组的一个秘密武器。“在这个岗位上，不细心怎么行呢?”张明龙说。每个人都会有情绪，但带着不好的情绪干活，就有可能影响到工作质量。因此，每天观察组员情绪变化成了他的例行公事之一。发现情绪异常的人员，他会主动去谈谈心，了解情况，帮着解开思想疙瘩，解决实际困难。

张明龙非常重视技术的传承。他所在的班组中结成了几对“导师带徒”的对子，他本人也带了一名徒弟。他是个热心人，工作上倾尽所学教徒弟，带着徒弟一起干、一起琢磨。生活中，他也非常关心徒弟。徒弟家里有什么事情，他会第一时间把关怀送到。他们这对师徒在该厂和六院的优秀师徒评比中屡获荣誉。

热心的组长带领下的贴片组也是一个热心班组。该厂经常能看到贴片组的操作人员满厂“飞”，不论哪个车间，产品流转到哪道工序，只要绝热层出现问题，贴片组的员工会马上出现在现场进行修理。甚至外单位的壳体绝热层出现问题，即使不关他们的事，只要向贴片组发出请求，修理现场肯定会看到他们忙碌的身影。

虽然贴片组平均年龄已经不小，但这个由 3 名技师、5 名高级工、4 名中级工组成的贴片组，具有很强的创新能力。他们开动脑筋、集思广益，多项小发明获得该厂和六院“五小”成果一等奖、二等奖、三等奖，多次被评为厂级、院级先进班组，中国航天科工集团公司“五保”劳动竞赛优秀班组、青年文明号。

虽然班组工作取得了突出成绩，但张明龙也有忧虑的事情。“现在新进员工都不愿意来贴片组，来了也待不久就走了。”如何解决贴片组的“断层”问题，成为他常常思考的事情。

家庭给我很多　我欠家人太多

采访中，频繁出现的两个词是“没时间”“忙”。张明龙的工作的确是这样，忙起来的时候就没有白天黑夜，也没有节假日。忙碌的工作使他常常无暇顾及家人，也使他觉得亏欠家人太多。

张明龙夫妇都在红峡厂工作，常常是同时加班，没有时间照顾女儿，只能把女儿送到爷爷奶奶家。有时，女儿会撒娇，哭着发出“别的小朋友的爸爸妈妈都能陪她们玩，你们怎么不行，就玩一天好不好”的哀求。说到这儿，张明龙的声音低了，那份父亲对女儿的爱与愧疚交织的情感，让他的双眼蒙上了一层薄雾。从孩子出生到现在，夫妻俩仅有两次带孩子出游的经历。有时候，妻子也会有一些抱怨，怪他不能陪伴女儿出游。“孩子想让他带着去游乐场，从年初盼到了年终，他都没能兑现承诺。”他的妻子言语中除了些许埋怨，更多的是对丈夫的心疼。

抱怨归抱怨，同样是航天人的妻子非常理解和支持丈夫的工作，每次都把丈夫的工作放在首位，孩子的事情尽量由自己去安排，从不让丈夫操心。这让张明龙自豪的同时，也多了一份愧疚。有时，他也想换个稍微清闲、不用经常加班的岗位，多点空闲陪伴家人，但这个念头一闪即过。想想工作了20年的贴片岗位，他怎么舍得呢？他的青春、他的生命都已经融入了这个岗位啊！张明龙欣慰地笑着说：“现在女儿大了，也能或多或少地理解我的工作了，真的懂事了。”

张明龙是一个爱好广泛的人，喜欢看书，喜欢研究车，还是个军事迷。闲暇时，他喜欢钓鱼，是个钓鱼高手，同时也是烹鱼的高手。他做的香水鱼、豆瓣鱼、酸菜鱼、麻辣鱼等令同事们拍手叫绝。他很享受钓鱼的过程，觉得那是放松身心的过程。但他这几年忙得已经很少有时间钓鱼了。

一次，他跟同事约好了周末一起去钓鱼，女儿欣喜若狂地要跟着去。但厂里临时通知，有一个急活需要他过去看看，这一看就是一天，钓鱼的事也就泡了汤。没办法，只能让老父亲照看女儿。

张明龙不是一个缺乏生活趣味的人，但往往他的生活就是那么单调。他的生活线路基本固定在上班、下班、加班。当许多人晚上已经进入梦乡的时候，他也许仍坚守在生产一线；当许多人和家人共度周末时光的时候，他也许正在和同事们钻在发动机壳体内部贴片；当许多父母带着孩子旅游的时候，他也许还在重复着那略显枯燥的工作。

当被问到，假如有 7 天假期会干什么？张明龙的回答是：“睡觉”。的确，长期加班加点地工作，使他感到身心俱疲。从 16 岁的毛头小伙子，一直奋斗到了 36 岁，一路走来，确实很累。他还有一个心愿，如果有一个假期，他想带着女儿去她最喜欢的海南岛游玩一圈，好好弥补多年来对孩子的亏欠。

张明龙有一个美好的愿望，实现用机器自动贴片。那样不仅能够降低员工的劳动强度，还可以提高劳动效率。或许为了这个愿望的实现，他已经确定了钻研的方向。

人物名片

张明龙，中共党员，中国航天科工集团公司六院红峡厂 1 车间贴片组组长。20 年来，他用自己的一双巧手“贴”出为航天固体事业默默奉献的精彩人生，成为该院培养出来的青年技术工人的优秀代表。由于工作成绩突出，他先后荣获该院先进生产者、党员岗位无事故无差错先进个人、十佳青年，还获得集团公司青年岗位能手，全国青年岗位能手等多项荣誉称号。

采访印象

见到张明龙是在1车间安静的会议室里，正在工房里“督战”的他，被车间领导“拉”出来接受采访。看着一身工作服的他推门进来，腼腆的笑容、睿智的眼神、自信的神采，那种浑身上下流露出的朴实，让人备感亲切。虽然记者和他已经很熟悉，但面对相机和录音笔，他还是显得有些拘谨。慢慢地，随着话题的深入，他放松下来，话也多了。他用朴实的语言带我们走进他的“贴片”人生。

身边人说

工作交给他放心

20年来，张明龙一直在岗位上兢兢业业、任劳任怨地工作，体现了一名共产党员的先锋模范作用。他朴实能干、技术全面、服从指挥，用心对待工作，把工作交给他让人很放心。作为关键工序岗位上的班组带头人，他注重班组建设，贴片组是车间的典型和样板，班组长的带头作用功不可没。

他干工作肯钻研，工艺熟记于心，虽然只有初中学历，但却能看懂绝热方面的结构图，这不是靠一两天的工夫，而是长期钻研和积累的结果。工作中，他凭着高超的技术和丰富的经验，为工厂解决了许多实际难题。

——红峡厂1车间主任何文英

脑子活泛　酷爱琢磨

张明龙平常不太爱说话，但干活没的说，还获得了许多荣誉。他工作非常努力，是一个实干的人，工作中做得多、说得少。他很热情，谁遇到什么困难，他都会主动去帮忙解决。他脑子很灵，喜欢琢磨，在产品质量控制和班组管理方面有独到的见解。他的小发明、小革新在日常工作中发挥了很大作用。他手里掌握着多项“独门”技术，比如说某型号尾部挖孔工作就是他的绝技。很多次，眼看要报废的发动机到他手里都能“起死回生”，真令人佩服。

——红峡厂1车间副主任、主任工艺师金龙

遇到了一个好师傅

我师傅人很正直，对大家一视同仁，在组里的威信很高。师傅对我非常照顾，能够遇到这样的师傅很幸运。在工作中如果遇到不会或者不懂的东西，他会实心实意、手把手地教我。一般学徒一年才能出徒，而我跟了师傅六七个月就能上手干活了。有的老师傅不愿意跟新手搭档，但我师傅不这样，他会主动教给你很多东西。

在生活上，师傅对我也非常关心，我父母生病的时候，他常常问寒问暖，还去看望他们，让我感觉心里暖暖的。师傅还鼓励我积极向党组织靠拢，让我好好规划人生。遇到这样的师傅，我一定要好好学习、好好工作，不能给师傅丢脸、给自己丢脸。

——红峡厂1车间贴片组员工李鹏龙

发表媒体：《中国航天报》
发表时间：2009年11月12日

刘永才：胸怀大爱唱大风

武　铠　刘华英

人物名片

刘永才，我国飞航导弹技术专家，现任中国航天科工集团公司第三研究院科技委副主任，中国工程院院士，中国航天科工集团公司科技委顾问。

刘永才祖籍河北肃宁，1942 年 12 月生于吉林长春，1966 年 1 月毕业于哈尔滨军事工程学院有翼导弹设计专业。历任三院三部副主任、三院科技委常委、三院科技委副主任、中国航天科工集团公司科技委常委以及副总师、总师和型号技术顾问。现兼任中国航天

科工集团公司CIMS工程副总设计师、三院信息化总师、中国宇航学会无人飞行器学会飞行试验专业委员会副主任委员、中国宇航学会无人飞行器学会常务理事、中国数学会均匀设计分会理事长、北京宇航学会理事、导弹军用标准化技术委员会委员、导弹弹上设备与保障系统技术专业组副组长。

刘永才组织和参与完成了多个导弹武器系统的研制工作。主持某型号关键技术攻关、立项综合论证、方案设计、工程研制、设计定型、批量生产等各阶段技术工作。任某型号方案论证组组长，编写武器系统总体方案，研制中负责总体设计，编写了一系列总体技术文件和报告，研制期间提出了某带飞试验方法，有力地保证了飞行试验成功率。

刘永才曾获得国家科学技术进步奖特等奖和一等奖各1次，国防科学技术进步奖特等奖和三等奖各1次，省部级科技进步奖一等奖、二等奖和三等奖各1次。1991年起享受国务院政府特殊津贴，1997年被评为国家级有突出贡献中青年专家，2000年被评为全国劳动模范，2004年获中国航天基金奖，2006年获中国航天事业50年杰出贡献奖，2009年被评选为全国杰出专业技术人才，并当选为中国工程院院士。刘永才为我国飞航导弹事业发展作出了突出贡献。

2009年年末的天气格外寒冷，朔风凛冽。不过，当记者来到刘永才的办公室，还是有一缕阳光从玻璃窗爬进房间，洒在沙发上。

和记者之前所见的一样，刘永才还是身着一套墨绿色格纹西装和黑色毛衫，阳光在他的后背和头顶勾勒出一个高大的长者形象。他略带东北口音的普通话中，透出和蔼、睿智，将记者拉进了一个充满坎坷，却始终充溢着信心与阳光的丰富世界里。

一个月前，刘永才当选为中国工程院院士，但在院士申报过程中，他一再突出自己所在的团队，而非他个人。他说：“我们之所以搞成了这个新型号，完全是上级领导关心支持和整个型号团队十几年辛勤努力的结果，我个人只是在总设计师的岗位上做了应做的工作。”

记者了解到，在研制型号时，为降低风险，一般新技术不超过30%，而在刘永才提到的这个新型号的研制工作中，能继承的技术不到30%，其余的都是我国飞航导弹领域甚至航天领域没有任何参照基础的新技术。

“搞型号要考虑大局”——做总师 他历经艰难

“在研制过程中，您最难忘的事情是什么?”

当记者发出这句“常规性”提问时，并没期待能得到精彩的回答。

但房间里一下子寂静下来。刘永才张了张嘴，欲言又止。几分钟后，他的眼眶已湿，嘴角开始抽搐，用颤抖的嗓音，道起往日的故事。

“由于技术新、时间紧、队伍经验不足，我们第一阶段的外形动力弹试验并不顺利。此阶段的试验主要是验证总体外形与动力的匹配，尽管没有取得圆满成功，但我清楚，目的已经达到了，大家担心的推阻问题也没有出现。”

当时，除了50多岁的刘永才，队伍里大多是二三十岁的年轻人，缺乏经验。由于开局试验不顺利，各种各样的批评涌来，甚至有人说要把刘永才撤职。刘永才却清晰地认识到，搞型号始终要考虑大局，作为总师的他，更不能受到这些影响。

他总结到，试验出现问题，技术新、进度紧是客观因素，但主观上技术、管理不到位才是根本原因。之后，刘永才和整个团队认真总结经验教训，埋头苦干，进行全面的研制攻关，足足一年多的时间没进行飞行试验。通过大量的地面试验、仿真试验验证后，刘永才和同事们成功跨越了中间阶段，直接进行全状态飞行试验。

2003年，刘永才率队再次挺进试验基地。此时，他们带去的型号已不可同日而语，第一次试验就取得了圆满成功，创下了我国导弹飞行的多个“第一”。其后的几次试验，也都顺利进行，彻底扭转了先前的被动局面。

“活着干，死了算”——做中国人　他胸怀大爱

刘永才是个爱国的人，他的爱国情感深切而真诚。

刘永才出生在吉林长春，6 岁时就失去了父亲，全家只能靠母亲在工厂做工或做点小生意艰难度日。

虽然穷，但刘永才志不短。20 世纪 50 年代，刘永才从小学到中学最怕的就是交学费的时候。因为家境贫寒，学校免除了他的学费，成绩优异的他也在高中毕业后被保送到哈尔滨军事工程学院。

回忆起这些，刘永才说：“没有国家的帮助，我连书都念不了，所以现在能为国家做点啥，都是应该的。”

带着对国家由衷的爱，刘永才在毕业后投身于航天事业。

搞航天型号的直接目的是满足用户要求，因此通过用户考核，就成了型号研制者必须跨过的首要门槛。但三院的许多人却告诉记者，刘永才琢磨的不是让自己满足对方的要求，而是帮着别人，跟

自己“较劲”。

我国航天事业发展至今，诸多导弹型号从无到有，逐渐发展壮大，但常常“跳出来”看问题的刘永才却说，研制型号不能只解决有没有的问题，更要针对实际需求，提高型号产品的使用效能。否则，就会耽误国家大事。一些年轻人告诉记者，有一次，刘总在谈到清军在甲午海战时因为劣质炮弹而遭受重创时，显得非常激动。他的爱国情怀都化为了工作的动力。

刘永才不仅寻找自己的薄弱环节，还主动配合用户按实际需求加大对型号产品的考核力度。

“活着干，死了算”，这是刘永才常说的一句话，也是他为人做事的真实写照。

只要工作起来，刘永才就把自己的衣食生活忘在脑后。20 世纪 80 年代初，刘永才因为经常出差，生活没有规律，身体健康亮起了“红灯”。

1981 年的一天，北京云岗大雨瓢泼，刘永才的女儿放学后，并未见到爸爸来接她回家。此时，刘永才的家里已聚满了他的同事。

原来，这天刘永才因十二指肠球部溃疡大出血，被送进了医院，血压降到了 0，血色素只有 4 克，医生下了病危通知单。爱好体育运动、身体还挺结实的刘永才此时还不到 40 岁，同事们都没想到他会突然躺在抢救台上。

同事们陆续冒雨赶到医院，有 9 位血型符合的同事为刘永才无偿献血。三部领导还特地出面，把在外学习的主任医生请回来，为刘永才实施了胃大部切除手术。手术后，他的胃只剩下了 1/3。

后来，刘永才还因为吻合口溃疡，多次胃出血，直到现在胃还经常疼。在一次靶场试验期间，刘永才为了保护好胃，防止出血，更是连续喝了半个多月的小米粥。

染上胃病后，刘永才滴酒不沾。但在某型号试验成功的庆功宴上，刘永才毫不犹豫地端起了酒杯，望着多年来与自己一起埋头苦干的战友，流下了激动的泪水。“咱们这些年的辛苦没有白费!”说完这句，刘永才便哽咽地接不下去了……

刘永才和他的团队虽然历尽千辛万苦，但始终百折不回。“只要国家需要，我们就是拼命也要上!”他们用一腔热血，履行着对祖国的忠诚誓言。

“至少不能误导别人”——做导师　他教会青年如何做人

1999年，来自河南农村的小伙子、哈尔滨工业大学博士生小张正面临着一次重要的人生抉择。二十几岁的他因在学术上小有成就，已在国内崭露头角。一家知名的外企在3000多位候选者中，挑选出了4个人准备录用，他就是其中之一。小张是个孝顺孩子，很听父亲的话。“你应该在中国求学做事”，正是由于父亲的这句忠告，他在几年前回绝了日本某知名大学提供的留学机会。

一天，小张听了三院一位总师的报告，总师言语中的爱国激情和远大理想深深地打动了他。这位总师，正是刘永才。

此时的刘永才求贤若渴，于是在学校导师的引荐下，小张当天晚上就与刘永才见了面。连夜长谈之后，小张开始了自己的飞航人生。

小张还记得2000年刚刚来到三院三部时，刘永才无数次出现在他简陋的宿舍里，帮他安置家用。为了及时跟踪学术动态，他需要上网，但还买不起电脑。于是，刘永才想办法帮他借了一台电脑。当时，云岗地区还没有宽带，如果拨号上网的话，耗资巨大。刘永才又出面与有关研究所领导协调，让小张以低廉的价格开通了宽带。

作为刘永才培养的第一个博士，小张对刘永才的工作作风深有感触。经常要在试验基地呆上几个月的刘永才，总会嘱咐他把论文通过别人带到基地，一阵子后，他就会收到经过仔细修改的论文。

小张回忆说：“刘总曾情意真切地叮嘱我，我们发出去的文章，是要给很多人作参考的。即使不能提供有价值的参考，也至少不能误导别人。”时至今日，已是三院三部某室副主任的小张，对刘永才仍感激不尽。

当年，跟着刘永才一起研制新型号的许多年轻人，如今都迅速成长为三院的中坚力量，担任飞航导弹副总师以上职务的就有十多人。

刘永才带年轻人，很大程度上是靠身教。一次，型号马上要进试验场，一个试验设备却总是出问题。刘永才立即召开会议，研究解决方案。他有个习惯，开会前要仔细研究材料，把问题考虑周全，这样一到会上，心里已基本有数。

在经过大家的认真讨论后，暴露的问题得到了解决。即使是这样，他还是提议大家到试验场把相关的内容再重复摸索多次，把所有准备工作做足做细。他总对年轻人说：“科学的问题，一点儿也不能马虎。你若是糊弄它，它肯定会来找你麻烦。”

同时，他还以特有的谦和、善良，与年轻人打成一片。

小关是刘永才的第一个硕士研究生，因为当时的学习资料不多，刘永才就把珍藏多年的手写资料给他。当年轻人有需要时，他总是那样慷慨。

先后有几位年轻人为刘永才当过秘书，他们经常能感受到刘永才对他们工作、生活的点滴关爱，这种关爱让他们觉得刘永才并不像领导，而像一位慈父。

几位秘书原先都是搞技术出身，刘永才总是希望他们平时多随总师参加技术会议，在业余时间多看看书，注意学习，毕竟秘书不能干一辈子，要考虑长远。几位秘书也都在听从了他的教诲后，在干秘书工作的同时，攻读了硕士或博士学位。

刘永才的工作十分繁忙，但如果是接到年轻学生来电请教或咨询报考事项时，他都会耐心解答，尽力支招。有人问，你又不认识这些毛头孩子，干嘛要操那份心？他回答：“人家来问我，就肯定有难处。我能帮就帮，不管是能考上学，还是能找到工作，兴许就解决了人家一辈子的事。”

他对年轻人的爱心，如当年从贫困中走出的那个少年，纯朴洁净。如今，他正用自己的行动，激发更多的航天青年奋发向上。

“自律　简单　富有爱心”——做父亲　他给儿女带来快乐

在航天技术领域，刘永才是专家，但在性格上，身边的人众口一词地叫他“老顽童”。对于新鲜事物，他总着抱着极大的兴趣去尝试，大家开玩笑地说他的心理年龄只有 20 多岁。

他常年订阅有关 IT 的期刊杂志，对于电脑软硬件市场的最新动态，甚至比身边的年轻人还要了解；对于电脑、笔记本、数码相机等新潮电子产品，他玩得转、摸得透，称得上是航天专家中的“新人类”。

无论到哪儿出差，他最爱逛的就是电子市场，见惯了学生族顾客的老板们，看到一个老爷子东瞅西看，不免诧异，可一聊起来，就立马对这位“新人类”刮目相看。他们或许还不知道，眼前的这位“老顽童”可是一位身经百战的航天型号老总。

在家里，电脑、电视、音响、数码相机都是刘永才的“士兵”，经过他的“调遣”，各种设备相互连接，堪称一个“数码工作坊”。在单位，他讲课、作报告用的 PPT 课件，都是自己制作。他还经常向年轻人询问某些最新版本的软件，而他的一番颇具专业水准的话语，时常会让年轻人自愧不如。

年轻时，乒乓球、游泳、滑冰和足篮排，刘永才样样涉猎；成家后，家里的家具、电灯、家用电器等，刘永才都是自己动手修理。

他的女儿说，爸爸是个自律的人，是个简单的人，更是个富有爱心的人。这一点，他深深地影响了全家人。

对于儿女，刘永才在做人准则方面严格要求，在学习、工作和生活上却给予充分的尊重，让他们自己决定自己的道路。现在，刘永才有不少家人都在航天系统从事着极普通的工作。他们勤奋朴素，除了爱读书外，没有什么特殊之处。

刘永才的老伴与他一同从长春走出，在漫长的夫妻生涯中，给予了他朴实无华的爱。

当年，刘永才的爱人在长春市体委工作。经过一段两地分居的日子后，她主动放弃了自己的工作，来到北京。谈起老伴，刘永才总是很感慨："她低调、本分，是个喜欢默默做事、不愿麻烦别人的人。"

由于刘永才工作繁忙，照顾家庭、抚养孩子的任务都由爱人承担，可以说，刘永才的爱人把全部心血都奉献给了这个家。没有刘永才陪伴，她很少出门。在云岗住了几十年，她甚至都没怎么独自进过城。

越是这样，刘永才就越觉得歉疚。当年，只要他工作上不顺利，回家就紧锁眉头，让家人跟着一起不开心。现在，只要有空，刘永才就会多陪陪老伴。儿女们都开玩笑说，老爸现在好像又开始了与老妈的恋爱。

在刘永才带过的试验队中，有不少人都认识他的老伴，并亲切地称她为阿姨。一位试验队员还对记者讲起了这样一件温情故事：刘永才在试验基地一待就是几个月，因为生活条件差，他的胃又不好，所以大家就很想让阿姨来照顾他。但是刘永才得知后，坚决不同意。一次试验，刘永才进了房间，意外地看到老伴已经在那里了。原来，试验队先斩后奏，没通知刘永才就已经把他爱人接来了。随后，大家欣喜地看到，刘永才每天都显得格外有精神。在戈壁滩一排排高高的白杨树下，经常会看到两位老人漫步在夕阳的余晖中。

那一幕，让很多年轻的试验队员难忘。

发表媒体：《中国航天报》

发表时间：2010 年 1 月 26 日

单涛：情洒天疆听涛声

陈　立

单涛，1962年出生，国防科技工业有突出贡献的中青年专家、中国航天科工集团公司有突出贡献的专家，现任九院型号副总设计师，兼任国防科工局协作配套中心咨询评估专家、中国自动化学会遥测遥感遥控专业委员会委员、中国仪器仪表学会传感器分会理事、湖北省宇航学会理事。单涛1984年毕业于哈尔滨工业大学无线电工程系信息工程专业，长期从事航天型号遥测外测和电子对抗工作。曾获国防科学技术进步奖一等奖1项、二等奖2项、三等奖1项，部级科技进步奖一等奖2项、三等奖1项，荣立国防科技工业型号研制个人二等功，中国航天科工集团公司特等功；1993年被共青团中央授予全国新长征突击手荣誉称号，同年享受国务院政府特殊津贴；2000年荣获“湖北省优秀科技工作者”称号。

在1984年的全国研究生入学考试中，哈尔滨工业大学第1考场第1考号的位子是空的。

本应坐在这个位子上的考生，在上小学时，就总爱跑出教室，到附近的电子厂去玩耍；一进大学，他又一度沉迷于桥牌中，经常每天“废寝忘食”地玩；他甚至还在老师出的题目上偷偷“做手脚”，结果挨了老师一顿训斥……

看来，此人并不是一个传统意义上的“好学生”。

如今，那个当初缺考的学生已经48岁，老同学至今对他曾经的“仗义相助”心存感谢；同事们称他为“技术权威”“性情中人”；儿子说他是“事业型男人”；而妻子则总是问他“啥时候才能忙到头”……

他叫单涛，是中国航天科工集团公司九院九部的一名型号副总师，长期从事型号研制工作，已荣获国防科学技术进步奖一等奖1项、二等奖2项、三等奖1项。就是这样一个“战功彪炳”的副总师，见到记者时却不停地摇头说：“我也没啥啊，用不着采访。”对此，单涛的妻子胡萍笑着说：“他啊，就是这么一个人，遇着生人就不爱说啥，和平时不一样。”

那平时的单涛，又是怎样的一个人呢？

在学校很爱“玩”

1977年，湖北宜昌某医院的30多个病房更新了呼叫系统，以前有线的呼叫系统全部被无线呼叫系统取代，只要住院的病人一按按钮，护士就可以在荧光数码管上看到显示的病房号码。

发明这套系统的正是单涛，那年他才15岁。

出生在山东烟台的单涛，在13岁时就随在海军医院工作的父母搬到了宜昌。他打小就喜欢无线电，上小学时就总跑到半导体厂拣上一堆二极管，然后拿回家玩上几天。

单涛的父亲平日里也喜欢在家摆弄一些电子设备，“但是他一直没弄出什么成果，倒是我帮他们医院设计出无线呼叫系统后，他非常高兴，觉得我以后干这行有希望，不至于只能做个收音机之类的小玩意儿。”谈及这段往事，单涛笑了起来。

1980年，单涛为了能在大学的电子实验室里继续“玩下去”，毫不犹豫地报考了哈尔滨工业大学信息工程专业，并顺利被录取。

“因为我从小就喜欢无线电，再加上我出身于部队家庭，一直想着以后能给国家做点贡献，所以就选择了当时航天部直属的哈工大。”单涛道出了与航天结缘的原因。

一进大学，单涛又迷上了玩桥牌，为此，他还专门买了许多相关的书看。没过多久，他便被选入哈工大桥牌队，并在全市比赛中取得了不俗成绩。“玩那东西特别耗脑子，要不停地去计算概率，有时打完后一晚上都睡不好觉。”不过他也说，正是由于桥牌的乐趣在于少靠运气、多凭智慧而赢牌，才深深吸引了他。

在大学给单涛上过课的老师中，刘永坦院士给他的印象最深。那时，刘永坦教的是统计无线电。这门课非常难，全班只有单涛等少数几人能完成课后作业。有一次，刘永坦出了一道题，大家许久都解不出。单涛一下就急了，就偷偷地把其中的一个正号改成负

号，结果就顺利答出来了。正当单涛得意之时，却遭到了刘永坦的一顿训斥，原因是这道题本来就不满足条件，是不可能得出答案的。

“当时，我立马就感觉搞科研绝对不能这样，必须实事求是。”单涛回忆道。

因为从小就对所学专业有着浓厚的兴趣，单涛的大学成绩很好，而且动手能力特别强。在学习上，他一直乐于帮助同学，甚至一手包办了他们的课后作业和毕业设计。也正是因为“毕业设计做得正带劲”，他缺席了研究生入学考试。“因为一直都在上学，特别欠缺实践经验，所以我当时就想着赶紧参加工作。”单涛坚信自己当时的选择没有错。

在毕业前夕，单涛还分别送给了同学和学校一份特殊的礼物：他帮一位成绩不佳的同学完成了毕业设计和报告，让他顺利毕业；而他的毕业设计作品——自适应对消器，则一直被哈工大的实验室延用至今，使用效果非常好。

在远安显露锋芒

住在湖北远安江天沟的“干打垒”（用草和泥巴筑起来的房子）里，单涛说晚上躺在床上经常能听到老鼠在屋顶上窜来窜去的声音，“当时觉得还挺好玩的”。

1984 年进入九院九部的单涛，就是在这样一种艰苦的环境中，开始书写他的航天人生的。

当时，单涛所在的九部 5 室有两个大铁皮柜，里面装满了技术资料，吊足了他的胃口。“我刚到单位时连导弹是什么都不知道，又碰到某型号刚立项，所以把里面的所有资料全部都翻了一遍。”单涛从零开始，举一反三，没过多久就开始主动请缨，不仅完成了自己的本职设计工作，还开始参与到其他科研组的工作中，一人同时干三样活儿。

就在单涛干得越来越顺之时，时任5室主任的周材林却给他泼了一盆“冷水”。

当时，每逢型号测试时，大家每人都有分工，而能干的单涛就会站出来说：“我一个人来干就行啦。”话一出口，就遭到了周材林的批评。“活儿是大家一起干的，就算你能干，也不能这样，要时刻记住大家是一个团队！”周材林的这句话至今都令单涛印象深刻，“他一直都很支持我的工作，这番话实际上是在教我怎么做人。”单涛说。

1987年，单涛被提为副主任设计师，那年他才25岁。

在同期进入九部的年轻人中，单涛是第一个被提为中层干部的。对此，领导和同事们给出了共同的理由：那就是他有着扎实的技术功底和敢为人先的创新精神。

1987年至1995年间，单涛每年都有几个月在北京的一个航天单位工作，期间他发现遥测设备占了导弹弹头的很大一部分空间，这给型号研制工作带来了很大的不便。“正好国外刚开始使用单片机技术，我就开始琢磨怎么利用这项技术把遥测设备小型化。”单涛的想法，得到了时任九部型号总师王振华等的一致支持。之后的无数个日夜里，单涛都泡在单位，“那时孩子才刚出生，家里基本上都是我一个人撑着。”胡萍回忆道。

最终，单涛将五六件大块的遥测设备，全部浓缩在一块设备里，使遥外测设备的重量和体积大幅减小，满足了型号产品技术指标的要求，为型号产品研制作出了重要的贡献。

“1994年，有些年轻人在山沟里熬不住都选择出去挣钱了，一直都很支持我的王总那时刚去世，小遥测项目的研制又到了关键阶段，我不能走，也不想走。”单涛在说出这些心里话时，一度哽咽……

在型号产品小型化遥测系统项目荣获部科技进步二等奖和国防科学技术进步奖二等奖后，单涛的脚步并没放慢。他不仅认真完成分配给自己的任务，还争取了很多其他人没能想到的新项目，并连连告捷。现在，他还时刻鼓励自己团队里的年轻人要大胆去想，大胆去干，整个团队的创新氛围非常浓，大家有时一天要聚在一起交流四五次新技术新想法。

“他如果在学术杂志上看到一些有价值的内容，就会撕下来，让我们拿去消化。现在我正在看的几本书都是他给的。他对新技术的渴求让我们感到吃惊，很多年轻人都不及他。”九部的年轻技术员李云冀告诉记者。

在靶场两度落泪

祁释冰是九部的一名年轻副主任设计师，几年前，他的孩子一出生，就收到了正在靶场的单涛发来的一条短信：“你孩子的名字我们已经想好了，就叫‘祁德隆咚呛’吧。”祁释冰笑着向记者解释：“他（单涛）是个很有幽默感的人，平常总逗我们乐，这条短信其实也是在告诉我试验成功了。”

单涛每次去靶场的心态都非常放松，这源于他对平常工作的严格要求。年轻的时候，他甚至和同事们趁着休息的时间，到靶场四周徒步探险，一口气走上个一二十公里路，顺带捡上一大堆化石带回住处。

但是，在2007年的某次试验中，因为对外部环境的估量出现错误，试验队经历了一次惨痛的失败。大家都为这次试验付出了太多的心血，一时都难以接受现实，事后在一起吃饭时，谁都没有说话，气氛十分压抑。“没什么，肯定能成功的。”单涛打破了沉默。这句简短的话一说完，全场80多人纷纷落泪，开始宣泄苦闷，喝掉了100多瓶白酒。单涛，也在人群中低头啜泣……

从靶场回来后，单涛立即和他的团队开始数据归零工作。之后连续几年的时间，他没休息过一个周末，每天都是做实验、分析数据、开讨论会……甚至有一次，他和年轻人一起连续加了足足7个通宵的班，而在大家早上睡觉的时候，他又抓紧时间看书。

“他就是我们的老大哥，当时我们都快挺不住了，但看着他精力那么旺盛，大伙也都咬牙坚持了下来。”九部的科研员王晓渊说。

最终，试验取得了成功，但在庆功会上大家反而没喝多少酒。“每次成功后他的情绪都比较稳定，但却有一次例外。”祁释冰说。

2005 年，试验队在赶往某靶场的途中发生了车祸，主任设计师王赪遇难。因为哮喘病发作，留在另一个靶场接受治疗的单涛在得知噩耗后，虽然还是一如既往地投入到工作中，但心情却非常低落。“每次回忆起这段往事，他都表现得很坚强，但我能感受到他的难受。在那以后，只要试验成功了，他都会让我第一时间把喜讯告诉王赪的爱人。”胡萍说。

在王赪和单涛一起为之奋斗多年的某型号试验取得成功后，单涛告诉全体试验队员：“成功了，也不要忘记以前的兄弟。”随即，掉下了忍藏了许久的眼泪。

在家时常“说话不算话”

在海边长大的单涛，特别喜欢大海。在儿子只有几岁时，单涛就许诺说带全家去烟台玩。十多年过去了，如今他还在重复这个许诺。“这么多年来，全家只在去年一起出去玩了三天。”谈起这个话题，胡萍颇为无奈。

因为工作繁忙，单涛很少能和家人在一起，就是和同在九部上班的胡萍也每天很难见上几面。逢年过节，单涛都会答应家里早点回家，但却总又因为出差而食言。前段时间，单涛的母亲身患重病，单涛全家立即赶去看望，但是第二天母亲病情一稳定，单涛就回到了单位。临走前，对他十分了解的母亲也催促说：“赶紧回去上班吧。”

但在另一些事情上，单涛却言出必行。

“生活中我和他打交道的机会很多，比如说我买房子就是问他借的钱。”李云冀告诉记者。2006年，刚参加工作的李云冀准备买房结婚，却苦于手头钱不够。此时，单涛伸出了援助之手，立即借给李云冀3万块钱。

生活中，单涛一看到同事朋友有困难，总设法去帮助他们，还经常“先斩后奏”。对此，胡萍也特别配合，还总是开玩笑说：“你单总都发话了，我能不给面子吗?”

结婚多年来，单涛和胡萍都没少去医院。因为独挑家庭重担，天生体质欠佳的胡萍曾几次被送往医院动手术。而单涛因为积劳成疾，在1998年查出患有哮喘病，每天都必须吃对身体有副作用的药，有时在靶场都是边打吊针边投入到紧张的试验中。

“他在靶场犯病时，从来都不会告诉我，就是怕我担心。”胡萍虽然在家里劳累多年，但对单涛还是充满了理解。现在，单涛考虑到妻子经常一个人在家，还特意养了一只德国牧羊犬，用来看家。单涛的儿子也为父亲是名航天人感到骄傲，有时胡萍还想让儿子帮着劝单涛多休息时，儿子却回答：“老爸是事业型男人嘛。”话一出口，胡萍也乐了起来。

胡萍担心单涛的身体，每次问他啥时才能忙到头时，单涛都说：“等退休吧。”

这，就是单涛。

发表媒体：《中国航天报》

发表时间：2010年4月6日

凌云壮志谱就飞天乐章

——记2010年“全国劳动模范”胡胜云

陈新勇　李　琼

己丑岁末庚寅年初，九院一行六十余人，于大漠深处苦战六十余天。几年辛苦耕耘的某重大任务终成正果，刹那间举国欢欣，威震寰宇。任务期间，队员于阵地研讨室内置玻璃杯各一作饮水之用，并于杯上留白处即兴赋诗一首，今摘之以纪念。

胡杨深处战六旬，胜券在握因用心。

云天相会只等闲，杯盛琼浆犒三军。

这首藏头诗写出了航天人的豪情壮志，写出了三江人对于梦想

的孜孜追求，更写出了这个水杯的主人奉献航天、建设航天的博大情怀和对工作的严谨负责。这个人正是2010年“全国劳动模范”、九院型号总师胡胜云。

非学无以广才　非志无以成学

麻雀双腿一点，翅膀轻轻一拍，就能飞起来，而天鹅却不行，它必须有一段助跑的距离，必须奋力地拍打着翅膀，才能慢慢起飞。

麻雀起飞来得容易，但轻易得来的飞翔，注定它飞得不高，也飞得不美；而天鹅起飞来得艰难，也正因为天鹅历经了起飞的艰难，才飞得那么高远、那么美丽。

一次成功靠机遇，次次成功靠实力。自1990年参加工作至今，胡胜云一直坚守一条信念，要想证明自己的能力，就必须做出成功的产品，而成功的关键就在于知识和技能的积累。

刚参加工作时，胡胜云被安排做一些辅助性工作——给三位老师傅打下手。他认为，这正是夯实基础知识、学习操作经验的最佳时期，因此，在工作上，他主动认真、不怕吃苦、不怕受累，同时，还谦虚诚恳地向师傅们学习设计和操作经验。由于当时条件差、电脑数量少，上班时很少有机会接触到，对电脑操作感兴趣的他，每天主动加班，钻研电脑设计知识，养成了早到晚归的工作习惯。

凭着一股勤学、好问、善于思考的钻研劲，胡胜云的知识技能突飞猛进，很快得到领导和师傅们的赏识。1992年，九院成立型号预研组，胡胜云被选入该小组并负责某设计系统的计算工作，这也给了他施展才华的机会，一些新想法、新思路在工作中得到运用。一年后，他开始独立承担起某分系统的研究课题，至此，工作仅三年的胡胜云开始成长为九院型号研制战线的年轻主力。

近20年的“型号旅程”中，胡胜云一直严格要求自己，丝毫没有放松对新知识、新技术的学习。他认为，只有耐得住寂寞，沉下心去，长时间专注于自己钻研的领域，才能把工作做透做精。同时，他也时常告诫身边的年轻人，知识是在不断的思考中积累起来的，在工作和生活中，只有勤动手、勤动脑、勤动口、勤用心，才能将工作做对、做好、做成功。

在工作中，胡胜云常怀忧患之心。他认为，在竞争激烈的型号研制领域，充满了太多的未知和变数，每一项新产品、新技术的产生，都会对个人知识和能力提出更高的要求，唯有不断学习，才能跟上竞争的脚步。胡胜云打了一个形象的比喻："就像天鹅起飞前的助跑，要想飞得更远、飞得精彩，就必须不断地为自己注入更持久的动力，而动力的源泉就是持之以恒的学习和思考。"

有凌空盘旋的洞察入微　才有俯身取物的精彩一瞬

一只雄鹰从山峰掠过，展翅飞翔在蓝天白云间。在久久的盘旋中，它俯仰天地，环顾四野，耳听八方。刹那间，它纵身直下，迅若闪电，一双锐利的鹰爪扑向瘦草。转眼间，一个鲜活的生命进入鹰嘴……

这是残酷的一幕，也是精彩的一瞬。

这一瞬，在胡胜云的脑海间久久回旋，成就了一个朴素的理论：飞得越高，看的越远；观察越细，才能抓得越准。

胡胜云就是这只翱翔的雄鹰：盘旋在型号研制的路途中，在负责总体工作的同时，时刻关注着工作中的任何一个细枝末节。

作为某型号研制项目的总负责人，胡胜云既要参加项目评审、方案论证，又要在各厂、各用户之间来回奔波协调，所有的方案和决策都需要他拍板定夺、遇到设计或技术难题也要他亲自研究讨论。这些"大事"足以让他忙得焦头烂额，但他仍然不放过对细节问题的关注，一些简单的会议材料和技术文件，哪怕一句话、一个字，他都要亲自审查并提出修改意见。在他所领导的团队中，他对每一位队员的个性、擅长的领域、所负责的具体工作都了如指掌，甚至每次会议的讨论情况、哪位队员针对哪个难题提出了什么解决方案，他都一一记录在案。

自己抓细节的同时，他还要求所有设计人员必须关注细节。“项目负责人的职责不仅仅是抓总，还应该抓细节、抓小问题。”胡胜云说，“只有做到心中有数、精益求精，才能胜人一筹。”正是这种科学严谨的“较真”精神和细致入微的工作态度，练就了一双“火眼金睛”。

久久地凌空盘旋，“火眼金睛”环顾四方，胡胜云终于飞身直下。

在型号设计和试验过程中，一旦遇到棘手难题或出现争议，他总能像雄鹰猎物般准确判断出问题的症结所在。“有时候，我们并不同意他的意见，但结果证明大多数情况下他都是对的。”同事们被他精准的预判能力所折服。

找准“穴位”　方能手到病除

给我一个支点，我能够撬动地球。

找准问题的“症结”，再复杂的攻关也能迎刃而解……

创新是型号研制试验的难点。在胡胜云的眼里，技术创新的成功，取决于关键点的突破。“就如同中医中的针灸，面对沉疴恶疾，善用针灸的高手，总是首先找准患者的穴位，然后用针，拿捏到位，手到病除。”

找准“穴位”，集智攻关，胡胜云和他的团队不停地捻动着这根“创意之针”。在他的带领下，一个个奇思妙想犹如泉涌般倾泻而出，一个个技术难关如破竹般迎刃而解，一次次技术创新把研制型号送入预定轨道。

1998 年，九院某型号关键部位的控制设计成为一大难题，产品技术指标的提高，对试验力学环境和精度提出了更高要求。是继续采用原有的控制方案，还是更换新材料，重新设计、重新试验？

时任型号总指挥的熊玮大胆提出延时控制方案。此后，在熊玮的指导下，胡胜云和同事们从设计源头开始，一一分析、细心求证，通过广泛查阅翻译外文资料，搜集整理我国各地的气象资料，分析新的技术指标，并编写了数以万计的程序指令。经过大量的设计、总结和试验，方案最终变成现实，使得系统可靠性得到明显提高，产生直接经济效益上亿元。凭借着对该项设计技术的创新突破，该项目于 1999 年获得国防科学技术进步奖二等奖。

此后，他所负责的型号研制项目屡屡获得各类重大奖项。诸多创新成果的取得，成就了团队，也成就了自己。他先后荣获国家科学技术进步奖特等奖 1 项、全军科技进步一等奖 1 项、国防科学技术进步奖二、三等奖 6 项。先后荣膺“湖北省青年岗位能手”“航天科工十佳科技青年”中央企业团工委“青年岗位能手”“三江集团劳动模范”“全国五一劳动奖章”“中国青年五四奖章”“全国劳动模范”等一系列荣誉。

引得千沟万渠水　方有万顷碧波来

一滴水不论多么地晶莹剔透，终究掀不起狂风大浪；而将其融入大海，则会带来汹涌波涛。

一个人的能力不论有多么优秀，终究会百密一疏；而将其纳入一个团队，则会发出闪耀的光芒。

在胡胜云的眼里，型号试验讲求的是团队协作，这个团队就如同万顷碧波，每个成员就是一滴水珠，在团队中拥有同等的分量，彼此交融、互不可分，不可或缺、也不可替代。

2002 年 8 月，为了竞标某新型号的研制权，九院让胡胜云负责竞标方案的设计工作。作为项目负责人，他必须组建自己的研发团队。

在胡胜云的心目中，这个团队应该是一个“湖”，每个队员的思想就是一股涓涓细流，唯有将其汇聚在一起，才能烟波浩淼、气象万千，同时，要想避免这个“湖泊”变成一团死水而失去功效，就必须常开思想的闸门，承接的水越多，湖水就越深，流量就越大。

在所领导的支持下，他从各个研究室抽调一批敢想、敢说、敢于承担风险的技术人员，汇聚到自己的麾下。每次召开方案论证会时，他要求每位成员必须参加并一一发言，方案讨论没有禁区、思想交锋没有对错、挑毛病越多越好。

良苦用心终于得到回报，队员们的一个个奇思妙想就如同洪水般源源不断地汇积成汪洋大海，一个全新的设计方案逐渐定型。由于时间紧、任务重，他每天早出晚归，每天工作长达 16 个小时，在他的感召下，团队成员也养成了自觉加班的习惯，有时为了解决某些技术难题，课题组所有成员泡在办公室里一起演算，掀起“头脑风暴”，甚至通宵加班，直至找到最优解决方案。

面对实力强劲的竞争对手，九院团队集智攻关，提出的竞标方案最终获得了专家组的一致认可，研制任务花落三江。

“个人能力再强，永远也敌不过团队的智慧。”在他领导的团队中，个个畅所欲言，人人思想活跃，每个人都在发表见解和创意之时实现自己的价值，在听取他人见解之时提升自己的能力。

这个创新的团队如同滔滔江水，动则汹涌澎湃、无坚不摧；静则波光粼粼、光芒万丈……

经历过失败的阵痛　才知道成功来之不易

自信者说：挫折是风，它能将你吹到胜利的彼岸；自卑者说：挫折是巨浪，能将你卷入海底；也因此，上帝将快乐赐给了自信者，将眼泪赐给了自卑者。

胡胜云的成功，源自于他的自信，更源自于他战胜挫折的勇气和乐对人生的心态。

1990年参加工作，1994年担任型号总体研究室某组组长，1995年晋升为工程师，1998年破格晋升为高级工程师，2002年因在某型号研制中作出突出贡献破格晋升为研究员，成为九院最年轻的研究员之一，并享受国务院政府津贴；先后担任副主任设计师、主任设计师、总师助理、型号副总设计师、型号总设计师。

在其他人看来，胡胜云的成长历程没有曲折迂回的跌宕起伏，然而，看似风平浪静的湖面，却隐藏着暗礁与激流，个中的酸甜苦辣只有亲身经历的人才能深刻体会。

20年的工作历程中，最让他刻骨铭心的记忆，莫过于型号试验的失利。时至今日，他仍然清晰地记得第一次面对型号试验失败时的情景，那种奔赴靶场时的踌躇满志和满怀激情，与失败后的痛苦及沮丧，犹如当头棒喝，让他真正感悟到型号试验“没有及格、只有满分”的道理。从靶场回来后，胡胜云立即投入到归零和攻关的工作中，在接下来的半年里，他与同事们天天加班，一边反思教训，一边总结归零，直至下一次试验成功，他才如释重负。

“那段时间，吃饭、睡觉，甚至做梦都在想问题。”他说，“唯有将所有的精力都投入到忘我的工作中，才能暂且忘掉失败的打击。”在胡胜云看来，成功固然可喜，但挫折同样可贵，没有经历过重大挫折的阵痛，就不可能变得成熟。

他经常开导年轻人，要以100%的投入来避免哪怕只有1%的隐患，要以必胜的信心迎接每一次挑战，如果我们做到了全力以赴、做到了精益求精，挫折仍然不期而至，那么，就将它转化成加速我们成长和成熟的催化剂，就将它当作是帮助我们走向成功的踏板和阶梯。

他的自信和乐观心态也深深地影响着身边的每一个人，并成为团队成员战胜挫折的精神动力。胡胜云引用歌德的一句话：“流水在碰到抵触的地方，才能把它的活力释放；人生就像洪水奔流，如果不碰到暗礁与岛屿，很难激起美丽的浪花。”在他看来，挫折就如同伴随在人生旅途中的乐章，能给平淡无奇的生活增添激情和精彩。

直道跟随　弯道超越

胡胜云一直在琢磨着一个道理：这个世界上有不同的车道，省道、国道，还有高速公路，不同的车道，对车的性能和速度有不同的要求，比如自行车、拖拉机就不能进入高速公路，即使是同一辆汽车，在不同的车道也有不同的速度。

艰苦创业，九院的型号队伍从无到有，从乡间小路走向省道；求是自强，型号研制由单一向多型号交叉并行，从省道跃入国道；改革创新，型号发展处于“研制一代、批产一代、预研一代”的布局，这支团队又由国道进入了高速公路。处在四通八达、畅行无阻的高速公路网上，这辆疾驰的战车在万驾齐驱的竞争中，该何去何从？

胡胜云的眼睛不时地扫过自己的团队。一个团队就是一辆战车，每个成员代表着一个零部件。行驶在直道上，不需要太多的技巧，关键在于改进零部件的性能以加快车速；行驶在弯道上，起关键作用的则是核心技术与创新能力的强弱，也就是实现超越的最佳时机。

给予年轻人充分的信任和锻炼的机会，为每位成员搭建起施展才华的舞台，让他们在工作中发现不足、在实践中改进提高；营造宽松的环境和工作氛围，将每一个人放在自己最擅长的领域，使其潜能得到最大发挥。倡导团队互助精神、提高集体攻关能力……一系列“改进性能”的措施在胡胜云的倡导下中得到贯彻。

改进性能以加快车速，实现直道跟随；突破核心技术加快创新，实现弯道超越。关键技术与核心能力的突破就像一个个急转弯，谁能把好方向盘，就能顺利快速通过。而那些技术不精、能力欠缺的选手，则会一落千丈、甚至淘汰出局。

“九院的研发能力和创新能力正处于亟待突破的关键时期，跨过去则会实现质的飞跃。”在胡胜云看来，每一个行业都有自己的规律，型号创新没有捷径可走，唯有遵循“大胆设想、小心求证、试验验证”的规律，才不至于翻车，才能一次成功。

如今，胡胜云正带领着自己的团队，雄赳赳、气昂昂，高唱着飞天之歌，朝着更高、更强的目标前进。

发表媒体：《中国航天报》
发表时间：2010 年 4 月 29 日

石德平：在平凡中奉献真爱

邱　霞　胡江涌

他曾经在一个型号线上一干就是25年。他曾在一个研究室的一个小组一待就是十几年。他认为，在航天这片沃土上，哪里都能锻炼人，人人都可以成才。

人物名片

石德平，研究员、博士生导师。1960年3月，他出生于北京；1983年，毕业于北京航空学院有翼导弹设计专业，获学士学位；1985年，毕业于二院导弹设计专业，获硕士学位；1985年12月参加工作。

石德平历任二院二部研究室副主任、主任、二部副主任，担任过多个型号的总设计师和技术负责人，现任某型号总设计师。他享受国务院政府特殊津贴。在多年的型号研制过程中，他积累了丰富的工程实践经验，为航天事业作出了突出贡献。

石德平先后获得国家科学技术进步奖一等奖一项、国防科学技术进步奖一等奖一项。入选“国家级跨世纪学术和技术带头人”，先后荣获中国航天科工集团公司有突出贡献的专家称号及国防科技工业有突出贡献中青年专家称号。

身边人说

石德平初任某型号总设计师时，该型号几次试验都遭受了挫折。责任在肩的他一边带头接受委员会的调查询问，一边安慰年轻的设计人员。他说：“困难是暂时的，我们一定能够取得成功。”质朴的话语给型号设计师队伍带来了坚定的信心。大家都觉得，他就像“定海神针”。只要他在，大家心里就有了主心骨。

石德平冷静地面对出现的问题，鼓励试验队员们客观地看待失利，带领全体研制人员集思广益、群策群力，通过仿真试验等技术手段很快找到了问题出现的原因，并彻底解决了问题。

——某型号主任设计师倪小峰

石德平对年轻人非常信任，让他们多挑重担，锻炼他们独立承担重要工作的能力。在遇到困难的时候，他总是第一个伸手帮助解决。在设计阶段性把关上，他每次都是认真确认，保证设计思路的正确性。

在石德平带领下，年轻人对待工作都非常努力，成长得很快。他为人宽厚，平易近人。在学术研究上，他很民主、很大气。他能够倾听不同的观点，从来不用自己的权威否定别人，而是与大家一起研究讨论，从中发现设计上的缺陷，并不断地完善提高。

石德平总是鼓励年轻人大胆设想、细致工作，保护年轻设计师们的创造性和积极性。记不得有多少次了，型号研制过程中遇到的“拦路虎”，就是在设计师们共同的研讨中拿出了解决方案。

——某型号主任设计师杜广宇

石德平，很平实，又很传奇。

与他交谈，没有一句多余的话，但每句话都很准确，又很到位。他曾经在一个型号线上一干就是25年，在一个研究室的一个小组一待就是十几年。他这样的经历在二院也属罕见，足见其韧性。

石德平做过很多型号的总设计师。虽然在工作中经历了风风雨雨，他却没有一句豪言壮语。他就是这样一个人，只要认准一个目标，就踏踏实实地做下去，并且一定要做好。

哪里都能锻炼人都能成才

石德平从小就酷爱航空知识，考大学时，一门心思只想上航空学院。志愿表上，他一口气填报了三四个航空学院。他的高考成绩优异，顺利被北京航空学院录取。

刚上大学时，石德平对航天还不太了解。后来，他得知我国的导弹曾经击落了美国的U-2飞机时，觉得很了不起。在进行专业选择时，他进一步了解到航天事业是伟大的事业。出于对国家、对航天以及对军事的热爱，他毫不犹豫地选择了导弹专业，义无反顾地踏上了强军报国的征程。

“能为国家、为国防事业作贡献对于我来说是很骄傲的，我为此感到无尚的光荣。”石德平对当年的选择无怨无悔。

1983年，石德平大学毕业后考上了二院的研究生。从那时起，他就扎根于航天的沃土，与航天这一伟大的事业紧紧地联系在了一起。

1985年，石德平研究生毕业后开始从事某系列型号产品的研制工作。在这里，他的人生开花、结果，走向灿烂；在这里，他从一名普通的设计人员成长为型号主任设计师、副总设计师、总设计师。25 载春华秋实，随着新型号的立项，身边一个个同事转到了其他岗位，但他却坚守在原来的研制岗位上。

石德平认为，他所从事的型号产品研制虽然不是最高、精、尖的产品，但经济、方便、实用的产品是客户特别需要的，对二院发展具有非常重要的意义。对于个人的发展，他认为，在航天这片沃土上，哪里都能锻炼人，人人都可以成才。他用实际行动对这句话作出了最好的诠释。

那些岁月如此难忘

令石德平终生难忘的是第一次取得的成功。

那是 20 世纪 90 年代初，三十而立的石德平成为某型号副主任设计师，主管型号软件模型设计。由于该型号产品是首次进行模块化系统研制，技术要求高，风险难度大。他迎难而上，反复试验，在查阅了大量技术书籍、了解了当时先进技术的基础上，攻克了多重难关，在飞行试验中一举获得成功。

回忆那段历史，石德平说："当时作为一名技术人员、一名航天新兵，我没想太多，就是下定决心，一定不能辜负领导的期望与信任，完成好肩负的神圣使命。"在之后的日子里，他获得了很多次成功，但第一次成功最让他难忘。

有一次，试验队进行的几次试验均未取得成功，整个队伍压力很大。当时，石德平任该型号总师助理。有关领导慰问全体试验队员时的讲话让他永生难忘。"我们坚信，外国人能搞出来的产品，中国人也一定能搞出来，二院一定能克服困难，取得最后的胜利。国家、国防事业等着你们拿出合格的产品。"这些话语让包括石德平在内的整个型号队伍听得热血沸腾，既感到了压力，也产生了强大的动力。有党和国家的支持，有上级领导的支持，试验队一定能铸成守护祖国领空的利剑。外国人能做出来的，我们中国人也一定能做出来。事情已经过去许多年了，但那一场景仍深深地刻在他的脑海里。

石德平至今还记得执行一次紧急任务时的情景。那一年，某型号产品紧急研制订货。按时、高质量地完成任务是国家对二院的要求，是义不容辞的责任，更是对二院研制能力的一次检验。他带领一支以年轻人为主的型号队伍，分析已有型号的信息，了解用户的需求，按照未来发展的需求改进型号设计，以满足任务要求。他们的口号是："让用户拿起来就能用"。

为了完成这项任务，研制队伍签下军令状，没日没夜地加班赶进度。回想起那段苦干的日子，石德平至今记忆犹新。虽然历尽千辛万苦，但他却觉得非常充实、有意义。依托二院雄厚的技术基础，依靠型号队伍的技术实力和无私奉献的精神，整个型号从论证、研制到试验仅用了 3 年，不仅周期短、效益好，而且深得用户的好评。更为难得的是，通过研制，年轻的队伍得到了全面锻炼，一大批年轻人成长了起来。

在新中国成立 60 周年的阅兵式上，当他们研制的型号产品驶过天安门、接受党和国家领导人的检阅时，在电视机前观看的石德平无比激动，因为这是代表航天向世人展示我国实力的光荣任务，也是国家对他和型号研制队伍的最高奖赏，更激励了他们对于国家赋予的任务，一定要排除万难，坚决完成的决心。

"我们的工作很神圣，我们的事业很伟大。"这是石德平发自肺腑的心声。完成守卫国家安全的重任是他认为最神圣的使命。

做事总是站在总体的高度

石德平胸怀报国强军之志，内心充满了使命感和责任感。作为系统总体专业出身的总设计师，他善于全面、系统地考虑问题，每一件事情都站在总体的高度去考虑。

经过 20 多年的拼搏，石德平积累了大量的用户需求信息。他深知，用户的需求是什么。为此，他提出了"好用、可用，拿起来就能用”的产品研制目标。

石德平擅长把握成熟技术的运用和先进技术的使用之间的平衡。他认为，成熟技术都是前人积累的结果，是一笔宝贵的财富。能够很好地运用成熟技术，不仅能够节约时间、精力和资金，同时也使研制人员拥有了站在“巨人”肩膀上的眼光。在强调运用成熟技术的同时，他更注重创新。

在研制工作中，石德平践行集成创新、技术状态控制、产品保证三大制胜法宝。不断用新的技术满足用户的新需求，用技术创新解决用户的新困难。在系列化发展、持续改进的道路上，他带领研制团队一起努力，一方面能不断满足用户对新性能的需求，一方面努力做到用户拿起来就能用。他所追求的就是在成熟技术与创新之间做到游刃有余。

作为型号总设计师，石德平非常重视研制队伍、尤其是年轻人的培养。他平时对年轻的设计师们要求很高，并倾尽所有传授经验，鼓励年轻人要勇挑重担，并把很多关键的、具有挑战性的任务交给年轻人。他鼓励他们要站在更高的高度上真正了解用户的需求；在创新的同时仔细研究已有的成果，将创新和成熟技术统一起来，做到相辅相成；还要找准方向，锲而不舍，要能耐得住寂寞，受得起挫折。

石德平最大的心愿就是能有更多的年轻设计师们投身于航天科研工作中，争当优秀设计师，立志成才。他语重心长地送给年轻人一句话，“不要为眼前的困难和诱惑所动摇，努力做好工作一定会有回报”。

在型号研制中遇到挫折时，石德平总是抢先站出来承担责任，鼓励年轻人要勇于面对失败，并能从失败中站起来、走出来，这是人生的一个宝贵过程。在他的带领下，年轻的设计师学会了如何面对挫折、战胜困难，如何站在全局的高度快速发现问题、查找分析原因，如何小心谨慎地避免差错，如何更有效地采取技术方法进行创新……在这个过程中，年轻的研制队伍得到了锻炼，积累了丰富的经验，并逐渐成熟起来，成为二院科研生产中非常重要的骨干力量。

一人干航天　全家来保障

石德平说："家里人都说，我们家是一人干航天，全家来保障。"因为工作繁忙，他和家人总是聚少离多。

石德平女儿刚出生时，正赶上型号任务异常繁忙的阶段。他在发射中心一待就是几个月，家里的重担都压在了妻子赵扬一个人身上。对他的事业一直默默支持的妻子和母亲一起照顾孩子，全家共同保障他能够安心工作。

今年，石德平的女儿参加了高考，他的弟弟打电话询问准备情况。他回答说，他人在外地，孩子在认真备考。电话的那头沉默了，久久无语。

石德平的家人理解他对航天事业那份深深的眷恋之情，他爱航天事业爱得是那样的深沉。"家庭对我事业的支持无比重要。"他感慨地说，“一项事业的腾飞需要许多人默默无私的奉献，我感谢我的家人，他们为我作出了很多牺牲。再看看身边，哪个航天人的家庭不是这样的呢？”

发表媒体：《中国航天报》
发表时间：2010 年 6 月 22 日

脚踏实地望星空

——记全国五一劳动奖章获得者陆伯祥

黄　琦

人物简介

陆伯祥，男，汉族，1960 年 8 月出生，江苏宜兴人，研究生学历，研究员。1979 年考取西北电讯工程学院电子工程系雷达工程专业，1985 年又考取该校信号、电路与系统专业研究生。自 1983 年参加工作以来，科研成果丰硕，荣获国家科学技术进步奖特等奖 1 项，部省级科技进步二等奖 1 项、三等奖 3 项。作为政府特殊津贴专家、集团公司专家，江苏省“333 高层次人才培养工程”首批中青年科技领军人才，还获得过全国五一劳动奖章、航天事业 50 年重大贡献奖、中国航天基金奖等荣誉。现任中国航天科工集团公司第一研究院 8511 研究所副所长。

2010 年 7 月，酷热的华夏大地迎来了“三伏”中的“二伏”。南京，这个素有“火炉”之称的城市到处弥漫着闷热的湿气。

在南京新街口商圈，店铺林立，人流如织，热闹非凡。离新街口不远的白下区后标营，却格外宁静，这里便是科工一院8511所的所在地。

刚刚出差回所的陆伯祥，静静地坐在办公桌前，有条不紊地处理着手头的各项工作。同时，他还在等待记者的来访。

作为我国载人航天工程主载荷中的电子探测系统总师，陆伯祥为之呕心沥血，作出了突出贡献，他个人也荣获了国家科学技术进步奖特等奖。在谈到我国科技界的这一至高荣誉时，他向记者谦逊地摆摆手说："我只是站在前人的肩膀上做了一些该做的工作，成绩属于8511所。"

"天线展开需要4个小时，但我觉得比8年还长。"

2001年1月10日，神舟飞船发射升空。

飞船进入轨道后，各项设备陆续开机工作。到了1月17日晚上11点多钟，电子探测系统该开机了。开机之前，该系统要连续展开3根天线，飞船每绕地球一圈展开1根。

此刻，在北京飞行控制大厅内，陆伯祥与项目组的同事坐在电脑前，目不转睛地注视着天线展开的每一个动作。

系统通电后，天线如破土而出的小树苗，一点一点地在飞船轨道舱顶部长高了……

一个多小时过去了，第一根天线顺利展开了，初战告捷。兴奋的陆伯祥稍稍松了一口气，便踱步到大厅外面，耐心地等待着第二根天线的展开。

轮到第二根天线展开了，怎么跟踪不到数据，"小树苗"停止生长了？

这时，大家的心一下子就提到嗓子眼，大厅内的气氛立刻紧张起来。陆伯祥和同事们冷静地坐了下来，仔细分析原因。但在几十分钟内，他们暂时无法找到原因，只能等到飞船下次飞进测控区域再作判断。

此时，陆伯祥的情绪一落千丈，他静静地走出大厅，望着浩渺的星空，冥思苦想试验中的一个个环节，努力找出“小树苗”不长的原因，但始终找不到。时间一分一秒地滑过，还是一筹莫展，压力也越来越大，几乎让他窒息。

然而，当飞船第三次进入测控区域后，经过一番精心操作，陆伯祥欣喜地发现，天线慢慢舒展开了，此刻，已经是1月18日的凌晨3点多钟。

耗费8年时间攻关研制的设备终于运转起来了，压在项目组成员心头的一块巨石瞬间消失得无影无踪。刚才还仿佛落入冰窟的陆伯祥，泪水禁不住夺眶而出。

此时，陆伯祥再一次静静地走出大厅，看着满天的繁星，想到了远方的妻子武晓芸，真想把这个喜讯告诉她。一贯的支持，多年的默契，他们的心已紧紧相连，一起承担风雨，一起经历彩虹。

那4个多小时，陆伯祥不是坐在电脑前冥思苦想，就是在大厅里来回踱步，舒缓压抑。他说：“天线展开需要4个小时，但我觉得比8年还长。”

从2001年向前推算8年，即1993年，8511所参与了载人航天工程，承担了电子探测系统的研制任务，项目攻关任务落在了该所三室，陆伯祥就在该项目总体组。

20世纪90年代初，电子探测系统作为有效载荷中的一个重要的系统，首次进入载人航天工程，研制难度非常大，但在所领导的大力支持下，坚持“这辈子一定要搞成一个航天项目”信念的郑同良（陆伯祥的老师）承接了这些任务。

在历时8年的研制中，项目组成员付出了艰辛的劳动，克服了一个又一个困难，“舍小家，顾大家”，用心血浇灌国防事业。“功夫不负有心人”，他们突破了一个又一个技术难题，研制取得了巨大的成功。

“在航天电子探测设备中，首次实现了新型测向定位技术，设备总体设计技术先进，其中天线大跨度展开等技术的难度大，填补了国内应用该体制航天电子探测的空白，达到了国际先进水平，具有广泛的应用前景和推广价值，并产生了显著的经济效益和社会效益。”这是专家组对该系统的总体评价。

如今，仍奔走于研制一线的郑同良老师已过古稀之年。他清楚地记得，在总体组的几位技术骨干中，陆伯祥工作最努力、最安稳，与同事也配合得最好。

有一次，系统初样产品要做校飞试验，承担飞行任务的是一架经过改造的国产运-5飞机，安全系数不高。而陆伯祥根本没想要买份保险，主动登上飞机，进行试飞。这种吃苦在前、不怕牺牲的精神至今仍被郑同良老师津津乐道，并以此教育身边的年轻人。

1997年年底，陆伯祥全面接手三室的工作。担任室主任后，陆伯祥深感压力更大了。为了完成地面外场试验等一系列重要任务，陆伯祥长期出差在外，一心扑在系统的研制上，即使不出差，节假日和业余时间也常常是在办公室、试验室度过。“记得有几次晚上，一家人在一起吃饭，儿子看着爸爸一边吃饭一边冥思苦想，就问妈

妈，爸爸为什么不说话？而陆伯祥根本没有听到他们的对话。吃着吃着，他突然放下碗筷，抄起纸笔，在饭桌上写写算算起来，写完了后继续吃饭，完全沉浸在自己的世界中。”妻子武晓芸饶有兴致地给记者讲述着丈夫的故事。

那些年，陆伯祥不是在攻关，就是在攻关的路上，家中的大情小事全部落在武晓芸身上。她一大早送孩子上幼儿园时，陆伯祥还未起床；而晚上熄灯睡下后，他还未回家。唯独有一次，他下班比较早，去离单位不远的幼儿园接孩子，而老师开始不让他接，后来问孩子才知道，他就是爸爸。孩子都上大班了，她们还是第一次见爸爸来接孩子。

“党和人民给了我第二次生命，我只有加倍努力工作，才能对得起党和国家。”

1960 年 8 月，陆伯祥出生在江苏宜兴农村的一个贫苦家庭。1979 年，他以优异的成绩考上了位于西安的原西北电讯工程学院，成为家族中的第一名大学生。

在全班 130 名同学中，陆伯祥的成绩一直排名在前 5 名。大学毕业后，他放弃了留校名额，来到了离家较近的南京 14 所工作。工作两年后，他再次考进母校读研究生。

1986 年 7 月，陆伯祥作为本科生的辅导老师，带着他们来到西北某雷达站实习。7 月 27 日，与往常一样，他一早起来锻炼身体，当在单杠上锻炼时，一不小心摔了下来，由于前额着地，摔断了颈椎，生命垂危。

在这紧急关头，雷达站一位有经验的医护人员指导战士们小心翼翼地把他抬到一块门板上，送往地区人民医院，由于当地医院无力救治，部队就马上派出专机，将他送往西安第四军医大学西京医院抢救。

所幸的是，他只是第二节颈椎合并型断裂、略有错位，中枢神经没有断裂，造成身体右侧高位截瘫，经过医生的精心治疗，住院 27 天后，陆伯祥稍稍能使唤右手手指轻微勾动一下。瘫在病床上的他暗暗地给自己鼓劲，一定要坚持下去，不然，如何对得起养育自己的父母和家人，如何对得起导师和部队官兵的关怀，如何对得起专门从家里赶来照顾他的二哥以及轮流看护他的老师和同学们。

3 个月后，陆伯祥坚强地站起来了。他没有休学，而是在老师、同学们的帮助下，克服各种困难，继续学习。至今，他还总是深有感触地说："我是农民的儿子，靠国家的助学金读完了大学和研究生，党和国家培养了我，还给了我第二次生命，我只有加倍努力工作，才能对得起党和国家。"

经历了这次事故后，陆伯祥的人生态度发生了转变，他更加笃信雨果的名言"人生是施与而不是索取"，想得更多的是，如何回报国家，回报社会和家人。

1988 年研究生毕业后，陆伯祥回到了 14 所工作，参与了我国第一部航空二次管制雷达的研制任务，3 年后，该雷达研制成功，并荣获了国家科学技术进步奖一等奖。

在 1993—2001 年的 8 年间，他参与载人航天工程任务，更像"拼命三郎"，潜心研制电子探测系统。

这期间，陆伯祥虽然经常在南京，但家人很少见到他。1999 年，其岳母身患胃癌住院了。岳母病重期间，他唯独去医院探望过一次，而且待了不到 10 分钟就离开了。当亲人们抱怨他未尽孝道时，妻子武晓芸只能耐心地解释说，他现在忙于国家重大项目攻关，压力非常大，孩子一天到晚都见不着他。就连家里的钟点工都知道陆伯祥是"大忙人"。"自古忠孝难两全"陆伯祥惭愧地说。1999 年国庆节，他只给自己放了半天假，10 月 1 日上午在家收看国庆阅兵式电视节目。在他的办公桌下，总是放着一个行李箱，方便随时出差。

在走访三室时，该室成员徐捷、退休返聘的马宝宏老人等人都告诉记者，神舟二号飞船发射成功后，陆伯祥与他们并肩奋战，连续工作了8个昼夜，严密监视该系统下的遥测数据，分析设备在轨运行状态，精心设计控制数据，以确保天线展开后设备能在轨正常运行。

不久，2001年春节马上要来临了，陆伯祥安排同事回家与亲人团聚，自己却坚守在北京，继续监控设备的运行状态。

从北京回到南京后，由于长期过度疲劳、精神压力过大，他的左耳出现了突发性耳聋。为了完成设备后续半年的留轨飞行任务，他边治疗边坚持工作。半年后，该设备完满完成探测任务，得到了上级领导和专家的高度赞誉。

2009年9月，陆伯祥担任8511所副所长后，分管该所的军民品市场开发和固定资产投资等工作。显然，他的担子更重了，也比以前更忙了。2010年7月中旬，记者与他约好采访日期后，因他临时出差，遂将采访安排到7月底进行。而在接受采访的2个半小时里，他先后接到5个电话。他告诉记者，不是有采访，这几天还在外出差呢。

“工作不能靠单打独斗，而要发挥团队的力量。”

陆伯祥在担任三室主任时，除了要完成载人航天工程任务外，还经常外拓市场，承揽其他任务。也因为他经常到外地出差，那些年，8511所其他几位室主任说他“活得最潇洒”，不像他们整天在单位加班。

其实，陆伯祥如此“潇洒”也是被逼的。他说，如果任务不饱满，既不能锻炼队伍，也容易“无事生非”。在他的努力下，三室成为该所课题项目最多的研究室。取得课题项目后，他一个个分给手下的“兵”们，放手让他们去干。当时，三室有40余人，承担的课题有五十多个。在每周一的例会上，他对每个课题的攻关进展、遇到的困难、下一步的方向，都摸得一清二楚。

在陆伯祥的悉心培养下，历经这些项目的磨练，一大批年轻人脱颖而出，能够独当一面，其中3位已成长为该所的研究室负责人。

有了积极进取的年轻团队，有了饱满的任务，这样既锤炼了年轻人，又使得整个三室如一江春水，源源不断地流动起来了。

陆伯祥很清楚：人才是研究室的核心资源。新员工入职后，他会仔细观察他们的工作状态，发现底子好、肯努力、责任心强的年轻人后，就主动找他交流，引导他们，给他在项目组中安排任务。

有一次在试验室，冯清将各种设备的电缆连接好了后，又认真地检查了几遍，像是患了“强迫症”一样。这一切都被陆伯祥看在眼里。有几次，他让冯清发言，发现小伙子分析问题也很到位，后来，他安排了一个项目直接让冯清牵头做，结果让他比较满意。经过几年的锻炼，2003年入所的冯清到2006年时，已经能独当一面，成为所里年轻人羡慕的课题负责人。

年轻人虽然有理论基础，干劲足，但缺乏工作经验。当他们在工作中遇到困难后，陆伯祥又深入课题组，当“引路人”，和他们一起分析问题、解决问题。有一次，一个课题组遇到难题，陆伯祥就与大家一起，通宵达旦地分析问题。

因此，与陆伯祥共事近20年的马宝宏、徐捷等人非常佩服他身上的两点作风：一是以身作则，二是放手让青年人做事。

陆伯祥的工作效率非常高，用妻子武晓芸的话来形容，就是“不吃饭不睡觉也要先把问题解决了”。他经常和室里的同事们说，一定要把8小时的工作时间利用好，提高工作效率，能不加班尽量不加班。

为了促进年轻人快速成长，陆伯祥经常鼓励他们多学习、多读书。如今，室里的一些年轻人还经常收到他看过的一些书，其中，管理类的书籍居多。在陆伯祥的办公桌上，记者也看到，除了一些技术类的书籍，还堆放着如《三井帝国在行动》《活学活用领导力》等书籍。

在工作之余，陆伯祥还十分关心年轻人的生活。2009年7月份，他培养的研究生彭茄恩进入毕业设计的关键时期。小彭的父亲查出患有肺癌，自己又在一次运动中骨折了，一度情绪十分低落。陆伯祥了解情况后，就到他的寝室里，和他聊自己的人生经历，鼓励他坚强起来，并发动三室成员为他捐款2000余元。至今，他遇到小彭还要询问他的工作、生活情况。

还有一次，冯清参加设备联试时，女友来找他，抹着眼泪说，之前相中的一套两室一厅的房子被别人买了。陆伯祥看到后，就告诉他们，你们父母都在外地，两室一厅的房子不够用，不如买三室一厅的，多花的10万元很快也能还了，便马上让冯清放下手头的工作，去订个大房子。至今，冯清两口子还非常感激陆伯祥的真知灼见。

今天，三室会议室的墙上还挂满了各类锦旗，这些荣誉记录着陆伯祥任主任时的成就与光荣。作为集团公司专家，江苏省“333高层次人才培养工程”首批中青年科技领军人才，他自己还获得过全国五一劳动奖章、航天事业50年重大贡献奖、中国航天基金奖等荣誉，并享受政府特殊津贴。

这些荣誉见证了陆伯祥多年来的辛勤付出。8511所领导常说，陆伯祥是一员“福将”。而他认为自己只是带着这个团队做了该做的事，成绩属于团队；能取得这些荣誉，奥秘就是“工作不能靠单打独斗，而要发挥团队的力量”。

发表媒体：《中国航天报》
发表时间：2010年8月26日

航天精神在玉树闪光

——记科工一院世纪卫星公司 “全国抗震救灾模范”高卫军

李 杰

在近日召开的全国抗震救灾总结表彰大会上，中国航天科工集团公司一院北京航天科工世纪卫星科技有限公司职工高卫军被授予“全国抗震救灾模范”荣誉称号。

作为集团公司广大职工中的普通一员，高卫军立足本职创先争优。在青海玉树遭遇7.1级强烈地震灾害后，他赶赴灾区，克服困难，出色地完成了各项工作任务，在平凡的岗位上做出了不平凡的业绩，用实际行动诠释了“特别能吃苦、特别能战斗、特别能攻关、特别能奉献”的载人航天精神，展现了集团公司认真履行社会责任、积极参与抗震救灾的良好社会形象。

临危受命 赶赴玉树灾区

世纪卫星公司主要从事卫星通信和卫星导航技术研究及设备提供和服务，该公司研制生产的卫星应急通信产品和远程医疗会诊产品在各类应急抢险救灾工作中发挥了重要作用。作为该公司通讯部项目主管、高级工程师，高卫军为支援玉树救灾工作，舍“小家”，为“大家”，为玉树抗震救灾作出了突出贡献。

玉树地震发生后，由于当地通信基础设施匮乏，再加上地震破坏，与外界通信几乎全部中断。尽快建立应急通信系统，同时展开远程医疗会诊救治伤员，成为抗震救灾、打通生命线的最为关键性的工作之一。

4 月 23 日，在接到中国移动和解放军总后勤部支援灾区的技术支援请求后，该公司立即决定选派作风顽强、技术精湛的职工高卫军和张宁火速赶赴灾区，配合中国移动在当地受灾最为严重的乡镇建设八个应急卫星通信基站作为备份，防止余震再次造成当地通信中断，同时也为正在灾区实施救援的由该公司生产的远程医疗会诊车提供各种技术帮助。高卫军接到任务后，顾不上才刚刚两岁的孩子和患病的妻子，立刻赶赴玉树灾区。

克服困难　出色完成任务

在玉树灾区建设基站，现场条件比高卫军预想的还要艰苦，行前准备的工程实施技术方案需要做较大调整，并要对当地临时分配的卫星重新设置频点，按照使用要求开通视频、数据和话音系统，许多关键的通信数据均需要通过多次测试才能确定。当地需要建立的八个基站，相隔距离不等，有的距离几公里，有的距离 10 多公里，覆盖了玉树机场、结古镇、跑马场、灾民安置点等众多重灾区。地震之后，当地交通已经瘫痪，到处是残垣断壁，遍地瓦砾，大多数道路已不能通车。

高卫军和同事们在灾区余震频繁、条件异常艰苦的情况下，不顾个人安危，背着30多公斤的设备，徒步走到目的地。他的双脚磨起了血泡，最后还化了脓，走路一瘸一拐，针扎般地疼痛。但为了早日开通通信基站，确保灾区的通信畅通无阻，他顾不上身体的不适，全身心地投入到工作中。尽管每天都要工作到深夜12点才能休息，但他一进入临时搭建的帐篷后，仍常常借助微弱的灯光，认真研究第二天的工程技术实施方案。

4月份的玉树昼夜温差大，白天气温只有十几度，到了晚上气温又降到零度以下。在这种艰苦的情况下，高卫军又出现了高原反应，经常头晕、气喘、浑身乏力，晚上睡觉浑身打颤睡不着，有时睡着了又被冻醒。他就这样一直强忍不适，克服困难，始终工作在抗震救灾的第一线，确保了基站建设的顺利完成。

在玉树救灾期间，高卫军和同事紧密合作，在当地移动公司人

员的大力配合下，最终出色地完成了八个基站的建设和测试工作。每个基站可开通2M通信业务，八个基站可承载600多路电话。世纪卫星公司生产的卫星应急通信车成了快速恢复当地通信的唯一手段，解除了因余震等紧急情况造成的通信中断问题，有力地保证了灾区应急通信的畅通。

同时，他还为在当地参与抗震救灾的中国移动五辆应急通信车和总后勤部四辆远程医疗会诊车提供了通信技术保障服务，为军队医院的远程医疗会诊车及时解决了使用中的问题，保证了医疗会诊车更好地为灾区人民服务。百忙之中，他还根据公司的要求，抽出时间对当地中国移动的工作人员进行了专业技术培训。

面对“全国抗震救灾模范”这一荣誉，高卫军谦虚地说，自己只是做了应该做的事，党和人民却给予了这么高的荣誉，感到无比光荣。荣誉属于世纪卫星公司、属于一院、属于中国航天科工集团公司。他表示，在今后的工作中，将更加努力工作，为履行富国强军使命和航天事业发展，贡献自己的全部力量。

发表媒体：《中国航天报》
发表时间：2010年9月14日

李军：总装线上一把刀

曲　臣

李军，1969年出生，1988年工作，大专学历，特级技师，现任中国航天科工集团公司三院159厂总装分厂总装一组组长。自1998年以来，他曾先后获得三院“十佳飞航青年”、三院“质量信得过职工”、三院劳动模范、集团公司京区优秀党员、航天技术能手、全国技术能手、全国五一劳动奖章等称号与荣誉，现已被推荐为2010年中华技能大奖候选人。

心目中永远的“三大标杆”

作为中国航天科工集团公司三院159厂总装分厂总装一组的组长，李军已是航天圈内乃至全国有名的技术能手。

这么厉害的一位航天人，却一直忘不了三位长者。“对我这一生影响最大的有三个人，他们是我心目中永远的标杆。”李军说。

李军的姥爷是为李军奠定人生理想的第一人。老人家于1945年参加八路军，后又参加了抗美援朝战争，曾经为了新中国出生入死。1959 年，老人转业至河北省迁安供销社工作。“我从小就和姥爷生活在一起，他经常给我讲革命故事，期望我长大后做一个对国家有用的人，做一个无愧于国家和他人的人。”李军说。

李军的父亲是一位 20 世纪 50 年代中期的老技校生，先后在 211 厂和 159 厂干了一辈子的钣金工，可谓是第一代航天人了。李军还在上技校时，父亲就常带着他到车间干活。

有一次，厂里的汽车驾驶楼因车顶压扁变形打不开了，父亲就带着李军到厂里加班做修复工作。父亲一会儿用焊枪烤，一会儿又敲打校形……这一招一式，小李军都看在眼里，记在心里。“至今我都还记得他当时说的一句话，‘干什么活都要认真，认真才能学到真本事，受人尊重’。”李军回忆道。

1988 年 8 月，李军从技校毕业后，被分配到了 159 厂型号总装车间，成了一名总装工人。李军是幸运的，他刚开始工作，单位就安排他拜大名鼎鼎的全国五一劳动奖章、全国技术能手获得者刘信敏为师。

刚刚开始学艺时，李军为某型号配打一个托板螺母孔。因为用长钢丝钻头打的孔肉眼很难看清楚，李军只能估摸着一口气钻了下去，结果打错了一个孔。刘信敏看到后，“只是用犀利的目光扫了他一眼，什么话也没说，就径直去找工艺人员办理技术问题处理手续去了”。

李军回忆起这件事时表示，当时深深体会到师傅那种“无声胜有声”的严厉。

看着师傅因为自己的疏忽跑前跑后，李军暗下决心要向师傅看齐：好好学技术，练就一手过硬的技术。之后，李军每干一件活儿都把质量摆在第一位。已经 63 岁的刘信敏如今仍被返聘在总装组，李军现在如果有解不开的“疙瘩”，还会像当年一样去请教师傅。

成长为技术过硬的主将

随着我国科技发展和国防建设的需要，各种新型号运用的新材料、新工艺和新加工方法层出不穷，这对技术工人提出了新的挑战。对此，李军时常说起刘信敏当年的一句教诲，“如果你百分之百地学到了师傅的技术，差不多也就学到了总装技术的70%；而要百分之百地学到总装技术，必须取众家之长”。

1990年，李军考上了电大；1997年，他参加了三院组织的为期八个月的高级工培训；2004年，他参加了院技师“四新”培训；2007年，他参加了技能工人论文写作培训……这些经历，夯实了李军的理论基础，拓宽了知识面。

在日常科研生产中，只有不断向新的高度攀登，才能不断解决难题、收获果实。李军从2003年第一次参加院级技术比赛并获技术能手称号，再到2009年成为全国技术能手，这些年来，他解决的关键技术难题比比皆是。

在某产品的飞行试验中，加注滑油时油标突然掉入滑油箱内。油标是铝件，而滑油箱是不规则的圆环形状。从滑油加注口看不到油箱的底部，要拆下滑油箱就要分解产品，拆卸发动机、进气道和导管电缆等部分，难度相当大。李军凭借对滑油箱结构的了解，就地取材自制了几件小工具，经过两个多小时的耐心操作，终于将油

标取出，保证了试验顺利进行。

2005 年，在某产品定型阶段的飞行试验期间，李军作为总装厂派到靶场的唯一一名技能工人，一待就是半年多。当飞行试验进入攻坚阶段时，发动机突然点不着火，电视图像系统出现干扰，试验队几次面临撤场。

上级指示：无论多困难，为了国家需要，一定要克服困难，完成定型。一般来说，换装发动机需要多名技能工人配合才能进行。在靶场，李军只能依靠质量部门同事的帮忙进行换装，但他还是以过硬的操作技术，成功完成了这一艰巨任务。最终，该产品的飞行试验取得了成功率百分之百的优异成绩，圆满完成了国家下达的定型试验任务。

在中国与某国首次举办的军事演习中，产品在挂机做起飞前增压时，发现某一部位安装钉处滴油。李军检查后发现是煤油，随后他与相关人员商量后提出将该产品卸下进行排查，以便在煤油没有挥发前找到漏点。但是，当时用户正在执行紧急任务，不能立即进行排查，只能等到下午。

下午，李军早早来到现场，产品已经不漏油了。李军就把产品上每个接头摸了个遍，最终只用了一个小时就找到了漏点，受到了有关领导的好评。该产品也在之后的军演中“不负众望”，百发百中。

以身作则打造“尖刀”班组

几年前，李军所在班组光荣地承担了国家某重点产品首发总装任务，责任重大。由于该型号属于“三边产品”（边研制、边生产、边定型），新技术多、协调问题多、数量多、周期短、风险大，李军为了消化图纸、吃透工艺规程，每天都干到很晚。

在该产品各系统设备的协调安装中，李军主动协同设计、工艺部门，较好地解决了产品内动力系统安装、电缆敷设及总装等方面的问题，高质量地保证了任务的进度，而该产品日后也荣获了国家科技进步大奖。

还有一次，在某产品即将出厂交付的关键时刻，各成件先后出现批次性质量问题，先后拆装达 13 次之多。作为组长，李军做好组员的思想工作，带头与全组师傅连续加班了一个月，圆满完成了产品交装工作。一个月下来，李军体重整整掉了 10 斤。

李军认为，现代社会发展趋势和群体管理的一个新特点就是：不再欣赏个人英雄主义，而是推崇团队的作用。他还半开玩笑地说，“再好的钢也打不了几个钉”。如何使总装组成为总装厂的“尖刀”班组，始终是李军自 2003 年任总装一组组长以来一直在思考的问题。

总装一组现有 17 名组员，均为大专以上学历，其中有六名是 2010 年新入厂的大学生。无论新老面孔怎样变换，无论春夏秋冬，李军都雷打不动地天天召集大家开班前会，“我认真，我努力，我必胜！保质量，保进度，我最棒！”这句话在会上必喊；班组技术质量交流会每周必开；“日作日清日结”的传统每天必做；组员家的婚事必到……

就这样，组内养成了“雷厉风行，要干就干好”的战斗作风，形成了“彼此关心，团结互助”的和谐氛围。多年来，该组出色完成了各项科研生产任务，2006 年获三院“十佳班组”、2007 年荣获三院“质量信得过班组”等荣誉称号。

个人的事再大也放第二位

航天事业是关乎维护国家安全的大事业，“干上这一行，就必须服从国家利益，个人的事再大也要放在第二位”，李军一直以来这样要求自己，并常年践行。为此，他平常要么是忙碌在生产一线，要么是在千里迢迢之外的靶场。谈起这些，李军的脸上流露出对家人的愧疚之情。

在 2006 年厂里决战四季度最忙的时候，李军九岁的儿子意外受伤需要做开颅手术，李军也是每天晚上10点多下班后才赶到医院去照顾儿子。李军的父亲患有高血压、冠心病等，2003年瘫痪，生活不能自理。李军特地给父亲做了一个楼梯扶手，但是工作繁忙的他每天回家太晚，也只能尽量抽出零星的时间尽尽孝道。2007年，父亲走完了人生的最后旅程，李军为此悲痛万分，至今都觉得有愧于父亲。

李军的爱人宋清，在一家私企做财务工作，也是常年奔波。结婚十几年来，宋清基本上承担了全部家务。在谈起这些年来的婚姻生活时，宋清并没有怨言，而且十分心疼李军："多数时间他（李军）都要加班，逢年过节也不例外。这几年，厂里更忙了，有时他累得上楼都要拽着楼梯扶手，到家第一件事就是睡觉，连喝水的力气都没有，都是我把杯子递给他。"

听着爱人说这些，李军愧从心起，觉得爱人非常理解、支持他。"为了这个家，我妻子付出了很多很多，真想有时间好好陪陪她们母子。"李军说。

2010年9月12日，艳阳高照。当天上午，中共中央政治局常委、国务院总理温家宝来到三院天津光电信息产业园视察。温总理与李军等三名全国"五一"劳动奖章获得者一一握手，并称赞说："你们都是功臣，是我们航天事业特别是武器装备的功臣！你们辛勤的劳动和创造，使我们的国防安全有了有力的保障，人民会记住你们，并且感谢你们！"

总理的一席话，使李军感到心头暖融融的，也觉得肩上的担子更重了。面对荣誉和鲜花，李军语气淡定，并充满自信地表示，"成绩属于过去，光荣属于集体，我只会以更高的标准迎接每一天的挑战，做一个忠诚于伟大祖国的航天人"。

发表媒体：《中国航天报》
发表时间：2010年11月23日

何大军：扎根塞外追梦不止

刘国新　王茂华

人物名片

何大军，男，1962年12月出生，研究员，中共党员，1983年哈尔滨工业大学固体力学专业本科毕业。历任中国航天科工集团公司六院41所副总工程师、副所长，原国防科工委航天火箭与导弹发动机标准化技术委员会委员，固体火箭发动机燃烧热结构与内流场国防科技重点实验室学术委员会委员，固体火箭技术编委，总装备部固体火箭发动机和固体推进剂专业组特聘专家，哈尔滨工业大学兼职教授。现任六院科技委副主任。曾先后获得过国家科学技术进步奖二等奖2项，部级科技进步二等奖3项，三

等奖2项。2006年被中华全国总工会授予全国五一劳动奖章。2010年被评为“全国劳动模范”。

采访印象

岁月不居，时光如流。

当看到一张张旧时的照片，意气风发、年轻有为的何大军跃然眼前。时过境迁，那英俊、单纯的小伙，如今增添了少许皱纹和白发，使他显得更加成熟和干练。

一枚枚奖牌，一本本证书，一个个产品模型陈列在办公室的书柜中，充分见证了他的人生辉煌轨迹，也印证了他对航天固体事业所作出的卓越贡献。

与何大军交谈中，笔者发现，他说的少，做的多，为人特别踏实、谨慎。与所有的航天人一样，只是一味地默默奉献，淡薄名利与仕途，所追求的境界是“献身航天、报效祖国”。

作为航天战线上的普通一员，正是这种踏实执着与不懈追求，支撑了他在航天固体事业中不断实现超越。

温文尔雅，朴实开朗，风趣幽默，这就是何大军给人的第一印象。

目前担任中国航天科工集团公司六院科技委副主任的何大军，是我国固体发动机领域有名的专家，担任着六院多个型号的总指挥或副总指挥。

从走上工作岗位到现在，“生命不息，追梦不止”的人生信念一直支撑他实现着自己的航天梦想，并在梦想的道路上大步向前。

扎根塞外　大显身手

1983年，何大军从哈尔滨工业大学毕业来到六院，从此扎根塞外潜心研究，这一待就是将近30年。他也从当初一个面带青涩的毛头小伙子，变成了现在事业有成、成绩斐然的中年人。

任何事情都不是一蹴而就的，何大军能取得今天的成绩，也经历了日积月累的成长过程。

何大军刚到六院时，正赶上六院发展中最困难的时期，不但生活条件艰苦，而且科研条件十分简陋。但这丝毫没有动摇他实现自己航天梦想的决心和信心。所幸，由于科研人员匮乏，领导对他高度重视，经过“指路子、压担子”，为他的成长成才创造了条件。

机会总是垂青有准备的人，让他一展才华的机会终于来了。20世纪90年代，六院承担了中国第一个进入国际宇航市场的上面级固体变轨发动机EPKM的研制工作，何大军在其中承担了重要任务。在发动机研制中，他首创了药柱调平技术，通过总冲预示专项技术攻关，使飞行实测预示精度达到了0.2%，处于国内先进水平。

但EPKM研制的总体工作并非一帆风顺。当发动机地面旋转试车失败时，他临危受命，负责完成故障分析工作。在时间紧、任务急的情况下，他带领课题组挑灯夜战、精心计算、认真分析，在最短时间内交出了分析结果，一次性通过原航天工业总公司专家组、美国马丁公司固发专家组、国际保险行业专家组的“三关”会审，试验证明分析定位准确。

临危一役，一举成名。该项“急难险重”的工作，充分展现了何大军的技术才华，国际同行向他和他的团队伸出了大拇指。

从此，他不断攀上固体发动机研制的一个个高峰，完成了总是接踵而至的重要任务。

一次，针对六院某对外发射固体变轨发动机研制中的技术故障，他“一针见血”地指出了故障原因，并完成了故障分析工作。经验证措施有效，而且该分析方法应用到其后研制的多个型号发动机的研制工作中，大大提高了固体发动机的可靠性。

在某重点型号发动机地面试车失效分析、某武器型号助推器药柱故障分析、某武器型号助推器飞试故障分析等重大技术问题上，他总是能准确地发现原因，提出的主要技术解决建议均被采纳，试验结果完全相符。

还有一次，针对某型号地面试车中出现的问题，他提出了正确的分析思路，给出了切实可行的解决方案，并指导研试人员在最短的时间内解决问题，保证了产品的正常交付。

2001 年，他承担了一项紧急的型号研制任务——攻克发动机低温试车技术难题。

当时该型号某承研单位用了 3 年的时间都未解决该难题。何大军带领技术团队，只用了半年多的时间就攻克了，连续两次零下 40 度低温试车均获得成功，关键技术获得突破，研究工作得以顺利进行。

……

路，是靠一步一个脚印扎扎实实走出来的。没有何大军当初那种耐得住寂寞、踏实做事的精神，也就不可能有何大军今天的成就。

“不积跬步，无以至千里；不积小流，无以成江海”，丰富的技术实践和科研经验让他在实现梦想的道路上走得更加从容。

厚积薄发　百炼成钢

多年的历练，使得何大军有了更宽阔的眼界和更丰富的管理经验，也让他有了更广阔的施展平台。1999年，何大军走上了科工六院41所副总工程师的岗位，主管预研和型号开发工作。何大军在这一岗位上富有成效的工作，使41所在技术创新、关键技术突破等方面有了长足进步。

“十五”期间，在何大军的带领下，加上科研人员的努力钻研和刻苦攻关，41所争取到30多项各军兵种的预研课题。“十五”期末，各课题均通过上级部门的验收，优秀率达到了70%以上，彻底扭转了41所“八五”和“九五”期间每年仅2～3项预研课题的被动局面。

“十一五”期间，何大军主管的预研课题共计50多项。课题涉及到总装备部先进制造项目、先进材料项目、固体火箭发动机项目，国防科工局民用航天项目、基础研究项目、引进消化吸收项目，中国航天科工集团公司支撑课题项目、自主创新项目、创新基金项目等。

各种预研课题的开展，拓宽了41所固体发动机及相关的技术研发领域，有效地提升了41所的技术水平，培养锻炼了科研队伍，尤其是年轻的科研人员。

各预研项目经过“十一五”期间的研究创新，为41所和六院的技术创新作出了新的贡献，为全面实现“十一五”目标打下了坚实的基础。“十一五”期间的预研课题均在2010年年底前全部完成验收。

身处领导岗位，何大军除了做好指导和管理工作，还经常参与一些重点项目的课题攻关，并亲自担任主任设计师重任。在承担某重点型号的研制过程中，他把“十五”取得的10多项预研成果成功地应用到新型号上，取得了综合演示验证试验的成功。

作为技术骨干和技术负责人，何大军以广博的学识、精湛的技术、高尚的道德情操受到人们的尊敬。

辛勤的汗水总是会带来丰硕的成果，多年来他屡获殊荣，荣誉证书摆满了书架。

传道授业　桃李满园

“师者，所以传道授业解惑也。”

在自己能力和水平不断提升的同时，何大军也非常重视人才的培养，特别是对青年人的培养。在人才的培养过程中，不仅是传道授业，更重要的是解惑。

担任副总工程师以后，何大军仍然坚持亲自带徒，并手把手指导，经他指导过的学生能够很快掌握相关的航天设计技术，出色完成工作任务，多人获得所级或上级部门的先进称号。

与此同时，他也非常注重对学生创新能力的培养，经常让学生独立承担各类项目的调研和论证工作，并鼓励他们积极参加各类学术活动，获取信息，开拓创新思路。在各级别的学术活动中，都有他学生的身影，多人曾在各级的学术交流中获奖。

他在人才的培养上注重理论结合实际，也非常注意方式方法。

有的学生进入状态慢，对此他不会不耐烦，而是通过加强指导、特别照顾的方式将学生引入科研的“大门”。“师傅的人品非常好，他对我们的关心培养使我们成长进步很快，他教给我们的‘以工作带动学习，用学习反哺工作’的方法，至今使我们受益无穷，可以说，没有师傅的帮助，我们很难有今天的成绩。”何大军的学生们如是说。

除了注重科研和创新能力外，何大军还对学生的职业生涯设计进行指导，引导他们在自己的岗位上成才建功。他担任 41 所 101 室主任期间，多名学生都成长为 41 所的技术骨干和管理骨干。

他和学生们的关系“亦师亦友”。“师傅不应该是板着脸孔，拿着教鞭，一副威严的形象，而应该成为一位睿智的长者，在工作上给予年轻人指导，在生活上多与他们亲近交流，消除彼此的隔阂。”何大军如是说。

他是这样说的，也是这样做的。在技术上他是师傅，在生活中他们是朋友。技术上他对学生们要求严格。生活中他对学生们关怀备至。

他毫无保留地把自己的知识传给年轻人，也通过交流谈心与年轻人拉近感情，他不仅赢得了年轻人的尊重，更深受他们的爱戴，成为了年轻人工作生活都愿与之交流的“良师益友”。

“飞人”传说　再续新篇

说起家庭，何大军话语不多，但可以感受到他对家庭的深爱和愧疚。和许多科技工作者一样，在繁忙的工作中，何大军顾不上照顾家人。

他的女儿现在已经上大学了，但是对女儿的学业，何大军几乎没操过什么心。“都是孩子她妈在管，我没时间。”何大军说。

经常的加班和出差，使得他和家人往往是聚少离多。“妻子和孩子对你不能经常陪他们没有怨言吗?”笔者问。“他们‘习惯’了。”他回答。是啊，一年中五分之二的时间出差在外，家人能不“习惯”么?

最忙的一次，一周之内三次飞往北京。回来还没来得及进家门，去办公室准备准备返身就又上了飞机，连妻子和孩子的面都见不着。“我的常用物品都在办公室里备着，着急的时候拎起东西就可以出发，免去了准备的麻烦。”他说。“不用跟妻子和孩子打招呼吗?”笔者问。“到了给她打个电话报声平安就行。”笑声中饱含着对妻子给予自己充分理解的赞许和骄傲。

每年的“五一”“十一”等长假，何大军几乎没有跟家人一起共度过，作为弥补，他只能尽量抽出有限的休假时间和家人出去旅旅游，暂时抛开工作的压力，略享一下天伦之乐。

“他是一个讲究生活情调的人。”同事对他评价道。何大军多才多艺，写诗唱歌样样精通，他经常通过文艺创作和娱乐活动来抒发对生活的感受，舒缓工作中的压力。

工作之余，他也经常组织各类活动，邀请同事、学生们一起放松放松，来点缀一下略显枯燥单调的生活。

在担任六院科技委副主任以后，何大军又站在了新的起点。面对中国航天快速发展的形势，他早已蓄势待发，准备冲向另一个高峰。正如他所言，“我的路才刚刚开始……”。身边人说：“记得在我刚参加工作的时候，是何大军手把手传授我技艺。在他无微不至的关心和指导下，我的技术水平有了显著提高”。

发表媒体：《中国航天报》

发表时间：2011 年 2 月 24 日

齐润东之驯“雷”记

杨振荣

人物名片

齐润东，中国航天科工集团公司二院某型号总设计师，研究员，长期从事地空导弹武器系统的研究工作。20多年来，他从雷达分系统的设计师成长为武器系统总体的总设计师，历经了多部雷达和防空武器系统的研制工作，在型号武器系统的研制和总体技术工作中取得了重要的成就，解决了大量的关键技术和工程难题。

曾获国家科学技术进步奖特等奖、一等奖，获全国五一劳动奖章、第七届中国青年科技奖和多项省部级科技进步奖，1995年起享受国务院政府特殊津贴。

引　子

雷达探测的信号是一种电磁波，齐润东就是和这种看不见的东西打了20多年交道。

可这看不见的电磁波却是型号武器的眼睛。导弹射程再远、打击力量再强、机动性能再好，但是如果没有眼睛，会是怎样的结果？

没有身处其中的人总以为为国铸剑是一件轰轰烈烈、充满大风大浪的事情。但当十年乃至更长时间才能“磨出一剑”的时候，这个过程就犹如细水长流，波澜不惊了。齐润东的世界就是这样，远观似乎刀光剑影，近看却是细雨和风。

熟悉齐润东的人称他有大家风范，心态平和，宠辱不惊，虽然总是遭遇困难和问题的重重围攻，最后却总能化矛盾于无形。

试验成功，新头发长出来了

很多航天人都会记得一部苏联影片《驯火记》。1978年，在北京工业学院礼堂，大一新生齐润东观看了这部电影。片中的苏联火箭之父科罗廖夫以执著的科学精神克服重重困难，设计出苏联第一发导弹、第一枚火箭和第一颗人造卫星，齐润东被这位科学家深深地打动了。

1962年，齐润东出生在河北抚宁农村。在即将高中毕业的时候，这个农民的儿子原本以为会和自己的兄弟姐妹一样从学校回家“修理地球”，但此时发生的一件大事却成为他人生的转折点。

1978年，我国恢复高考。不到16岁的齐润东把握住了这次改变许多中国人命运的机会。直到拿到北京工业学院的录取通知书时，齐润东还有点不敢相信是真的。喜爱理工科的他报考了电子工程系，入学后被划进雷达专业。

虽然当年与雷达结缘是“被选择”，但大学毕业后再回到雷达专业深造、从事自己喜爱的专业成了齐润东的不二选择。也许是那个叫科罗廖夫的人已经进入了他的内心深处，1983 年报考研究生时，二院 23 所成为齐润东的目标，后来他又把这里作为职业生涯的起点和方向。

去年，已经成为二院某型号总设计师的齐润东终于买到了一套他寻找多年的电影《驯火记》光盘，从头到尾又看了一遍。

“隔了 30 多年再看，更有感觉。”齐润东说。这种感觉，是他在航天雷达领域奋战二十多年后与科罗廖夫产生的共鸣。

研究生毕业后不久，在 23 所从事雷达总体工作的齐润东就参与了国家“七五”科技攻关项目——多普勒风廓线雷达系统的研制工作。作为新人，他有使不完的劲儿。

在雷达试验场，为了把信号源放在作为信标的铁塔上，齐润东扛着仪器设备沿着 80 米高的铁塔爬上爬下。没有电梯，不觉得苦；年轻，不觉得累。

作为一项重大攻关课题，很多问题都是全新的。如何从多波束逐步聚焦到单波束？对取得的试验结果作怎样的逻辑判断？信号怎么处理？地物干扰问题怎样解决？

一块黑板成了试验队队员们集智攻关的标志物。他们总是围在这里各抒己见，激烈讨论，寻找破解难题的钥匙。

为了拿到精确的试验数据，他们的工作环境总是毫无遮拦地暴露在雷达的辐射下。电磁波辐射不仅让计算机的屏幕不安地翻滚，齐润东的头发也开始成片地脱落，甚至有的时候情绪开始莫名烦躁。好在试验不断取得的一项项进展让大家精神振奋，忘记了身体的种种不适。

齐润东作为总体设计师，提出风场计算算法等一系列算法，建立了信号检测处理模型并进行仿真分析，实现了最佳积累检测方法，为后续低空测风雷达的研制打下了技术基础。

雷达辐射虽然来势凶猛，但也有其“温柔”的一面——它的影响是暂时的。当齐润东所在的团队取得辉煌战果——该雷达填补了国内技术空白、成功用于北京亚运会气象保障、获得国家科学技术进步奖一等奖的时候，齐润东的新头发早已经长出来了。

最骄傲的和最感动的

2009 年 10 月 1 日，北京。全世界的目光都聚焦到天安门广场前。

在新中国成立 60 周年的阅兵仪式上，我国防空导弹精彩亮相，通过天安门城楼接受祖国和人民的检阅。

导弹通过天安门的时间只有几十秒，但在齐润东的 25 年航天生涯中，有十几年都是在和它打交道。

问起齐润东什么是他从事航天工作以来最自豪的事情，他毫不犹豫地说：“当然是第三代防空导弹通过天安门广场!”从介入该型号的研制工作起，齐润东基本每年都要去一次位于酒泉的试验场。最长的时候，一住就是 8 个月。

试验场建在戈壁滩上，距离试验队队员的住所有四五十公里。每天凌晨，队员们黑着天出发奔赴试验场；连续工作 10 多个小时后，又黑着天从试验场回到宿舍。有时车行驶在没有路的戈壁滩

上，轮子总会不时陷进沙土里。在试验场，队员们工作基本就在车上；为了在沙尘飞扬的环境里吃上干净饭，大家的午饭总是包子。累了，大家就靠在汽车座位上休息一会儿。

“从事该型号研制这么多年，每次我们遇到困难的时候，团队的协作和创新精神总让人感动。大家都是站在总体或者解决问题的角度提出意见和建议，彼此能够互相督促，并不是互相埋怨。”齐润东说。

齐润东不止一次提到让他受益匪浅的该型号总设计师张福安。每次出现问题的时候，张总从来不去批评分系统设计师，而是致力于从哲学的高度解决问题，抓住主要矛盾。如此，每每能够起到触类旁通的作用，让齐润东大受启发。

从1993年开始，齐润东成为该型号雷达电气总体主任设计师和总师助理。同时作为精度攻关组组长，他重点对雷达测量精度进行研究，将雷达系统误差模型应用于武器系统总体和制导系统仿真，推进了武器系统研制进程，解决了该型号制导技术的关键难题。

作为中国防空导弹的跨代产品，该型号通过自主创新，突破了多项重大关键技术。定型后，项目团队获得了国家科学技术进步奖特等奖。

10余年磨一剑的故事从齐润东嘴里说出来却很平常，甚至让人觉得缺少波澜。因为就是一天天这样的日子组成了他的生活，一切似乎本应如此。

后来，齐润东在一个场合看到他们这个型号试验队出现在二院建院50周年电视片里，有个镜头一下子逼入他的内心，让他有种热泪盈眶的冲动。

这个镜头不是光闪闪的奖杯，不是雄壮的装备，而是在熟悉的戈壁滩上，一位熟悉的队友在吃完包子后，靠在汽车后座上眯糊着了。

原来，最珍贵的情感，总是埋藏在内心最深处，从嘴里说出来也最不容易。那些峥嵘岁月已经融入了他的生命，经过时间的沉淀，才慢慢显示出动人的光彩。

为人的责任

齐润东是一个有责任心的人。

作为儿子，他在家中5个孩子中排行老三，工作就是再忙每年也要回河北老家一次，看望年迈的父母。

作为丈夫，尽管繁忙的工作让他不能为家庭投入太多时间，但只要有机会，做饭、洗衣服等等他都想去尽点儿力，妻子黄旭也都看在眼里。

黄旭是一个在航天家庭长大的航天人，从小习惯了父亲出差参加试验、母亲一个人带着孩子的生活。到了自己这一辈，她既要去担当自己母亲当年的角色，同时还要承担航天人的角色。但她爽朗地说：“航天双职工家庭就是这样。”这就叫理解。

作为父亲，儿子在成长的道路上面临选择的时候，齐润东总要给予慎重的引导。

说的和做的最多的，还是作为型号总设计师的责任。

在二院办公楼的楼道里，悬挂着多位技术带头人和先进人物的照片，并配有本人的一句感悟。记者见到照片里的齐润东一如他本人般严谨认真，他的那句感悟看上去却非常简单：多一份努力，就多一份成功。

记者想，这恐怕是他百忙之中为完成这句“命题语录”，信手拈来的吧。不曾想，齐润东却说：“这句话我想了很长时间。”曾经有一次型号试验，因为很多系统都沿用了成熟的技术，大家普遍对试验结果抱乐观态度。可偏偏第一发就没有打好。查找到的原因表明：导弹正常，地面设备工作正常，只是某指令线路出现了问题。这让大家非常后悔：如果对系统进行更加充分的验证，这发弹就可以不浪费了。

齐润东说，航天型号研制的专业面广、新技术多、技术风险高，要靠各级设计师多付出努力，发挥出自己的作用。如果从设计师、主任设计师到总设计师都尽到各自的责任，那么就能够提高效率，把事情做好。

齐润东很为自己的工作骄傲："做航天人最大的满足就是一步一步走来，每次都能取得一点进步。"他说，自己有责任让项目技术有突破，团队得到成长和锻炼，并通过项目带出一支队伍来，让年轻人在科技发明方面有所作为。

参加过多少次发射试验，齐润东数不清了，但他从来没有亲眼看到过自己参与研制的型号发射升空的那一幕。因为在那一刻，他不是在雷达车里，就是在指控车上。虽然有时未必一定要守在哪个具体岗位，可他不允许自己去别的地方。事后，齐润东只能通过录像，看着自己参与研制的型号在烈焰中腾空而起，一飞冲天。

采访"发烧友"齐润东

记者见到齐润东的时候，已是晚春时节。这个春天他特别忙，开会、报材料、协调型号工作，忙得错过了花期。

以往的春天，齐润东都会忙里偷闲，带上一套让自己"发烧"的摄影器材去踏青，烂漫的春花会让他的心情轻松。平时工作特别累的时候，他就带上自己的器材到颐和园走走；每次去试验基地，酒泉秋天金灿灿的胡杨林，旖旎的弱水河，都被他收进了镜头。

用齐润东自己的话说，对于摄影，他不仅是"发烧"，而且是"强烈发烧"。先后买了几个钟爱的镜头，他还不能罢休。今年春天，齐润东本来想出手买一款看中好久的尼康全景相机机身，但这个想法随着日本地震导致的摄影器材涨价而暂时搁浅了。

如果不是那次"吓人"的经历，齐润东恐怕还难以下决心让自己"放纵"一把，"发烧"一下。

几年前，在23所工作的爱人黄旭突然接到二院通知：齐润东在试验场工作时一只手突然失去知觉，拿不了东西了，要乘坐飞机回北京，请她前去接机。黄旭忐忑不安地去了。她原以为齐润东会被人抬下飞机，结果看到老公还是自己“腿”着，才算松了一口气。

经医院检查后才知道，多年高强度的忘我工作，让他的身体“欠了债”。首先不堪重负的是他的颈椎。颈椎椎盘突出压迫神经，都快压住一半了。

这回，齐润东想起了以前一直爱好但没有时间涉足的摄影。摄影既能适当活动脖子，又能到处走走自娱自乐，适于他的康复，也适合他的工作。

齐润东曾经喜欢看科幻小说，科幻小说的发散思维让他攻克难关的时候思路更宽；他也曾喜欢下围棋，从宏观布局到定式，再到收官，和航天型号工作很类似。他说，很多道理在哲学上是相通的。

“发烧友”齐润东最喜欢拍的是风光，但是也有遗憾：“真正拍胡杨要到额济纳旗，但我没有成块的空闲时间。真想有个假期，把自己想去的地方都走走。”婺源的油菜花，昆明的红土地，元阳的梯田，这些都是齐润东心仪已久的地方。

发表媒体：《中国航天报》
发表时间：2011 年 5 月 19 日

巾帼岂肯让须眉

——记河南航天压力元件有限公司副总工艺师丁继杰

冯东霞　孙伟伟

榜样名片

丁继杰，河南航天压力元件有限公司副总工艺师兼生产部部长，曾获中国航天科工集团公司优秀共产党员、中央企业知识型先进职工称号。

丁继杰是技术人员出身，她说："如果没有在技术部门的摔打与成长，我不可能成长得这么快。""部长"丁继杰曾"两出两进"科研生产部，从事的工作在技术部门与生产部门之间频繁转换，于是能将产品的每道设计工序与加工程序烂熟于心。

面对 2011 年产值翻番的目标，担任生产部部长的她以作风硬朗，敢于管理，勇于承担，在党员中起到了先锋模范作用。

为了充分调动各个部门的积极性，丁继杰从实际出发，根据任务科学策划，缩小考核额度，对重点线、关键线列日计划，进行日总结，根据一天的数据结果，随时调整计划。

针对“小批量、多品种”的任务特点，丁继杰合理分配资源，将总任务指标进行合理分解，并在每周一次的生产例会上，对各个部门的完成情况进行通报和排序，确保了重点项目的顺利推进，大幅度提高了公司产值。

党员丁继杰

丁继杰是“以公司为家”的典型，虽然家与单位近在咫尺，但大家总能看见她下班后在职工食堂吃饭，吃完饭又直接去车间检查工作的情景。

尤其是在制定了定期跟踪制度后，她经常到车间进行督促。在查看任务完成情况后，她从源头查找有的任务进度慢的原因：是生产检测问题还是任务分配问题？是设备、人员跟不上，还是技术、后勤不到位？查找清楚后，进行针对性的改进，大大提高了任务完成率。

在生产部工作期间，她运用并行工程、成组技术、PDCA 循环

等管理手段进行了生产调度与组织工作。实践证明，这些流程和制度的实施，使科研生产工作的效率大大提高，丁继杰也因此成为党员创先争优标杆。

丁继杰注重团队作用的发挥，知人善用，鼓励技术人员进行新产品设计和新工艺编制。2010 年，研发中心完成了新产品设计阀类 104 项，软管类 15 项，新来图加工 26 项，申请专利 6 项，创下了 695 厂有史以来的新高。

师者丁继杰

由于企业正处于转型升级的关键时期，人才梯队重建是摆在公司面前的重要课题。丁继杰以其独有的果断泼辣性格，培养和带出了一支能打硬仗的队伍。

“制约企业发展的，有时候不是研发、生产、试验中出现的技术难题和管理组织问题，而是由于人才梯队的搭建速度与企业发展速度没有磨合到最佳状态。”因此，育新人、带队伍是丁继杰下定决心要狠抓的一项工作。

她把自己在工作中一点一滴积累起来的实践经验传给新人，以一种“润物细无声”的方式融入日常工作中。她主张给新人足够的思考空间和动手机会，遇到问题再行指导点拨，如此循环，在锻炼中成长成才。在技术上，她毫无保留，以一颗无私的心倾囊相授，她说，新人的快速成长就是对她最好的嘉奖。

发表媒体：《中国航天报》
发表时间：2011 年 11 月 13 日

鲐背之年的“不老传奇”

——访陈敬熊院士

江雪莹

“我就来跟大家说说我 90 岁了身体还健康的秘诀吧。”二院 23 所陈敬熊院士精神矍铄地出现在寿宴上，不谈过去、不谈功绩，话甫出口，便引来大家的阵阵掌声和欢呼声。

一般人可能并不熟悉陈敬熊这个名字，但是在制导雷达天线设计领域，他的名字可谓无人不晓。他提出了“Maxwell 方程直接求解法”，是我国制导雷达天线设计的早期开拓者之一。他的著作《电磁理论中的直接解法与积分方程法》，现在仍是该领域科技人员和高等院校的重要参考书。

然而，如今最令陈敬熊引以为豪的，并不是这些辉煌的过去，而是虽然已年届 90 却依然健康的身体和敏捷的思维。

长寿＝动＋坚持

大概没有人会质疑陈敬熊的养生秘诀，因为他自己就是最有说服力的明证——“除了青光眼和假牙，我50年没生病了，感冒都没有得过。”但是，要想真正学会他的养生秘诀，大概也很少有人能做到。这个秘诀概括起来其实很简单，那就是“动”和“坚持”。

首先是身体的“动”。陈敬熊从40岁开始就每天坚持跑步，每次近5公里，一跑就是20年。60岁以后，他跑得没那么远了，但依旧天天坚持。80岁以后，他改跑步为走路，直到现在，还每天下楼2次，花1个小时散步。

“我没有别的特长，就是跑步，这种锻炼方法简单得不能再简单了，难的是要坚持，风雨无阻，”陈敬熊说，“尤其是老人，越不动越不想动，越不想动就越动不了。”现在，几乎每天11点半，从家属楼到23所的小门一开，陈敬熊就会走到所里拿报纸，大家只要看到他来了，就知道是到了吃午饭的时间了。

相信每一个第一次见到陈敬熊的人，都会惊异于他思维之清晰、记忆力之好。“不得老年痴呆症”是陈敬熊给自己定下的要求，而这一目标的实现，完全得益于“动”的另一方面——动脑筋。

“去年，我买了5本很厚的英文原版数学书，读起来不轻松啊，但是很锻炼思维。”说起牛顿在数学方面的伟大成就，说起自己正在研究的矩阵，陈敬熊立即显现出一名科研人员对待课题的那股兴奋劲儿。现在，他仍然在研究数学、推导公式、写论文，“我觉得这样的研究再做5年也没有问题”，陈敬熊对自己信心满满。

陈敬熊研读的那些书在一般人看来都无比艰涩，但对他来说却好像“美味佳肴”，每次学到了自己从前不知道的东西之后，他那种开心的心情就“没办法用言语来表达”。

忆往昔峥嵘岁月稠

现在，能看自己想看的书，就会让陈敬熊感觉无比满足和惬意。而早些年，一切以工作为重的他，是没有这样多闲暇时光的。

1965 年，我国第一代地空导弹武器系统——红旗一号制导雷达天线的研制十分棘手。苏联产品仿制完成后，天线存在较大的系统误差，不能投入使用。在相当长的一段时间里，大家都找不到原因。为此，陈敬熊被钱学森派去解决问题。

那个时候，为了看懂苏联专家留下的资料，陈敬熊还专门自学了俄文。除了进行理论分析，他每天跟厂里的工人师傅一起交流、做试验。最终，通过改进工艺，他们生产出了比苏联产品性能更好的产品，让当时 20 多个即将报废的天线“起死回生”，为国家节约了数百万元资金。

回忆起那段废寝忘食搞研究的日子，陈敬熊现在还十分感慨：“我们中国人的头脑并不笨，对这点要有信心。其实很多东西苏联专家也没有完全弄明白，他们的技术只是比我们稍好一些，只要我们把基础理论吃透，一样可以超过他们。”后来，这项创新技术荣获了 1984 年国家发明一等奖，陈敬熊列为该奖的第一获奖人，为后续型号中高性能天线的批量生产提供了坚强的技术保证。而当时年仅 44 岁的陈敬熊，经过那 6 个月的洗礼之后，头发都花白了。

“文化大革命”开始后，因周总理的特别批示保护，陈敬熊并未受到多少冲击，但也曾到“五七”干校去烧过火，养过猪。“那个时候很多人住一个大房间，我的床刚好在角落里，晚上他们都睡觉了，我就在那儿偷偷看书。”无论身处何境，陈敬熊都不曾放弃过学习。

如今，这些经历在陈敬熊这里，都沉淀成了一种宠辱不惊的淡然和毫无矫饰的智慧。

师者，传道授业解惑也

改革开放后，我国恢复了学位制，陈敬熊是国务院批准的第一批博士生导师，也是二院成立研究生院后最早开始带研究生的科技

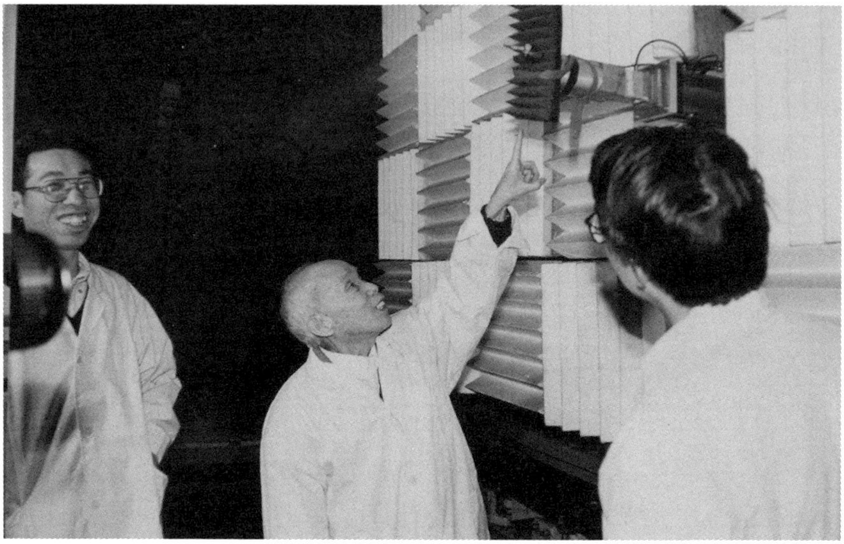

人员之一，他同时还负责二院研究生教育的抓总工作。

陈敬熊很喜欢用《师说》来定义自己的责任，他每期只带1～2个学生，并对他们的学习要求十分严格。他毫不客气地说："做我的学生可不容易，该解决的东西如果算不出来，我就会直接批评他们，不留情面。"尽管如此，曾在陈敬熊门下学习的学生提起他的教诲，都是有口皆碑。他十分重视学生扎实基本功的培养，督促大家要学好理论，同时力求理论与实践的结合，确保研究成果的工程实现。

23 所总体部研究员黄佳，是陈敬熊 1983 级的学生，"我毕业论文里所有的公式推导，他都自己重新算过一遍，极度负责。""学生有问题问你，你得能回答出来，如果不能，至少要告诉他们往哪个方向研究才能找到答案。"陈敬熊一直践行着这样的理念。对于学生研究的课题，他始终是同步前进，甚至超前一步，就是为了能够在他们遇到困难时能够给予悉心指导。

从心所欲不逾矩

"我喜欢唐诗，喜欢韩愈的散文，《祭十二郎文》你会背么？"

刚刚还在谈论专业知识的陈敬熊，话题一转就开始谈文学，随口便背起了诗和散文。对他来说，工作累了的时候看首诗，就是消除疲劳的最好办法。

陈敬熊还喜欢听音乐，现在仍然收藏着周璇和邓丽君的磁带；每天阅读《参考消息》《China Daily》，喜欢看凤凰卫视的新闻，资讯与英文也不输给现在的年轻人，而天线与数学方面的英文专业词汇量更是胜过年轻人许多。

孔子说，自己70岁以后，从心所欲不逾矩。如今的陈敬熊，谈起专业、数学、文学、音乐、养生等无一不是信手拈来、自有见解。若论从心所欲不逾矩，毫不为过。然而陈敬熊对自己仍不甚满意：“如果我60岁的时候能取得这些成绩那还差不多，现在都90岁了，不敢妄谈成功。”说起自己在专业领域的成就，陈敬熊总是非常低调和谦虚，但一提起自己每天烧菜的事，他又忍不住得意地看着老伴常菊芳，而也已经85岁高龄但身体健康状况不输陈敬熊的常老，就会在旁边捂嘴偷笑，“菜到锅里以后才是他负责，之前买菜切菜的功劳他也往自己身上揽。”如今，两位老人还是自己独立生活，洗衣做饭都无需别人帮忙。常老更是因为自己的一头黑发，有时坐公交车都无人让座。陈敬熊坦言，这些年来自己工作忙，家务事都是老伴操持，她要比自己辛苦。而常老也时不时地拿他打趣，两个人在一起聊天时，欢声笑语不断。

也许，用乐观的态度对待生活，无论多大年纪都保有一颗幽默的心，彼此体谅扶持，才是他们“不老”的真正秘诀。

采访结束时已是下午5点，常老搀着陈敬熊的胳膊，慢慢往家里走去。夕阳下相伴的两人从容而温暖，他们会这样一直走下去，琴瑟百年。

发表媒体：《中国航天报》
发表时间：2011年11月17日

石晓荣：点滴铸就辉煌

王　娟　江雪莹

人物名片

石晓荣，女，中国航天科工集团公司四院17所制导与导航专业技术负责人，国家某重点型号副总设计师、国家某重点型号副主任设计师。1977年出生于陕西临潼，1994—2004年就读于北京航空航天大学自动化学院飞行器控制专业，获博士学位。

石晓荣曾荣获全国三八红旗手、中央企业先进职工、中国航天科工集团公司杰出女职工、巾帼建功优秀标兵、“五保”劳动竞赛先进个人和青年岗位能手等多项荣誉称号。

采访手记

第一次见到石晓荣是在她家，那时她正在休产假。去采访前我们已经听闻她怀孕期间两赴试验场的感人事迹，因此脑海中不自觉地浮现出一个“铁人”形象，但这个虚构的形象在见到她的那一刹那消失了。

石晓荣留着短发，个子不是太高，不算大的眼睛里总含着笑。和其他新妈妈一样，她穿着居家服，双手紧抱着打盹的孩子。同时，她身上还有航天科技工作者普遍具有的特质：低调、谦逊，谈起工作来可以妙语连珠，聊起自己时却是只言片语。

对于石晓荣怀孕期间奔赴试验场、孩子还在哺乳期就出差这样的举动，很多人觉得不可思议，但从航天人的立场上来看，却并不费解。这就是一个秉持着“国家利益高于一切”价值理念的航天人的精神世界。当然，这样的举动是否应该被倡导还不能下定论。

因此，对于要不要报道、怎么报道我们想了很多。最后还是决定把这个故事呈现给大家——典型人物的事迹不一定具有复制和模仿性，但每个典型人物身上都有“闪光点”，这些“闪光点”从某种程度上反映了某个人或某群人的思想和状态。至于读者怎样看待，就是仁者见仁，智者见智了。石晓荣一直盼望着能有一个孩子，这个愿望终于在今年春天实现了。

那是在她负责的重点型号取得重大进展之后。此前，由于科研工作越来越繁重，试验任务接踵而至，石晓荣的这个愿望已经拖了很久。石晓荣是中国航天科工集团公司四院17所某重点型号的副总设计师。在单位里，她有一个绰号，叫“拼命女郎”。提起她，大家都会颇为心疼地感慨这个副总设计师太不容易：由于研制项目正处于关键时期，怀孕期间，她曾两次前往试验场，前后待了近1个月；休产假期间，她又常常回到单位参与项目的重要节点把关和决断。如今，孩子未过哺乳期她又出差了……

挺着“大肚子”两赴试验场

给孩子喂奶、洗尿布、哄孩子睡觉……和所有女人一样，自从石晓荣当了妈妈以后，生活便开始围着孩子打转。从眼前这个浑身上下散发着母爱气息的年轻妈妈身上，记者很难看到工作中那个坚强、果敢的“女强人”身影。

2010 年，石晓荣怀孕时，已经 33 岁了，再加上本身身体不是很好，她被确定为“高危产妇”。这下子，她成了家里的“一级保护动物”，格外在意出行、饮食等方面。爸爸妈妈、公公婆婆也分别从外地赶来照顾她。

当时正值炎炎夏日，她还在与怀孕后身体的各种不适应作斗争。然而，当她听到电话的那头传来：型号遇到问题，急需副总师前往解决……没多犹豫，简单地收拾了几件换洗衣服，她便登上了前往试验场的长途汽车。

晚上 7 点上车，夜里 12 点多到达目的地。颠簸的路程因为怀孕而显得更加艰辛。“当时又热又累，我第一次感觉到 5 个多小时的路程这么漫长。”回忆起那段经历，石晓荣的脸上浮现出一丝疲惫。

“一个人怀着孕出差能行吗?”很多人都问过她同一个问题。石晓荣说：“领导和同事们都很照顾我。这次通知我去肯定是非常需要我，我自己会格外注意的。”“怕不怕对宝宝有辐射?”“我一般会尽量远离试验厂房，而且我在防辐射工作服里面又穿了一件自己的防辐射衣。”“家人不反对吗?”“我对他们逐个做了思想工作。”虽然做了充分的思想准备，但石晓荣还是在试验场遇到了很多问题。

在家晚上10点前就睡觉的她常常深夜12点多还在和同事们一起分析问题。怀孕后身体的不适在劳累的工作后变本加厉地袭来……

“那段时间真的太累了，我经常哭，有几次甚至感觉自己快撑不下去了。”石晓荣说。“想过不去或者提前回来吗?”记者问。她摇摇头：“本来领导关照我，特地没让我去试验场。那次既然让我过去，就说明那里确实需要我。”“还是完成任务更重要。”她又补充了一句。

石晓荣怀孕5个多月的时候，又因工作需要去了一次试验场。怀胎9个月，她在试验场就待了将近1个月。

采访中，石晓荣突然停下来，“孩子哭了。”我们听到婴儿的哭声断断续续传来。“不知道跟我怀他的时候爱哭有没有关系，小家伙一生下来眼睛里就噙着泪水。”她一边说，一边从婆婆手里接过孩子紧紧抱在怀里。

30岁的型号副总师

2007年，刚刚工作3年的石晓荣被委以重任，成为某重点型号的副总设计师，也是17所最年轻的副总师。那一年，她30岁。

“我顿时感到肩上的担子沉了很多。”她说，“之前的工作相对简单，做好自己负责的部分就可以了。当了副总设计师以后就不一样了，要对整个型号的技术攻关负责。”也是从那一年开始，她更深刻地体会到了航天人所肩负的使命与责任。

成为型号副总师后，石晓荣开始和更多的“硬骨头”打交道。每天早上一来到办公室，她就开始利用自己精力最集中的时间看技术报告，报告里的每一个公式，她都要亲自推导一遍，直到做到心中有数才签字。

石晓荣说：“我们这样的工作，一个数字、一个符号都可能关系到成败，一点也马虎不得。”工作上再小的事都要“较真”，是这位年轻的女副总师反复强调的。也正是凭借这样的态度，才将型号试验出现问题的概率降到最低。

一次，某型号首次发射时，点火之前出现了问题，试验场指挥宣布发射中止。问题原因很快查明。但是，发射试验队面临着激活后电池能否满足再次发射需要的问题。石晓荣当机立断地表示：“可以。”于是，发射继续进行。

结果证明，电池工作正常，正像石晓荣所判断的那样。“这个回答很简单，但在那种场合下能果断地做出继续发射的表态，你可以想象她前期做了多少工作，准备了多少预案。”17 所副所长杨健说。

担任型号副总师对个人综合专业能力的要求比较高，石晓荣刚刚上任时，虽然对自己专业的东西驾轻就熟，但是还有大量对她来说比较陌生的领域。一边工作一边学习，不断拓展知识面成为她上任第一年的主要功课。

设计师徐清雷说：“刚开始石总和我讨论她的专业外问题时以听和学习为主，现在她已经有自己的独到见解了。”经过一段时间的积累，石晓荣已经能比较精准地把握各个技术方向了。

爱成功更珍惜失败

总师很新，型号很新，队伍也很新。石晓荣所带的团队平均年龄不到 31 岁，这样一支“新鲜”的队伍，在技术创新上却总是敢为人先。据了解，他们曾相继提出了十余种型号制导方法，有 31 项成果获得了国家专利申请号。

“她勇于承担风险，应用新技术时，在充分论证的基础上敢于做‘第一个吃螃蟹的人’。”设计师王文华说。

当被问到团队的氛围时，几乎所有人的第一反应都是：民主、舒畅。“只要是工作上的事，我们可以在开会时争得面红耳赤，但这完全不影响我们私下的感情。”一位设计师说。石晓荣充分信任和尊重各级设计师的意见，自己的成果也会群发邮件给大家共享，团队的学习空间很开放。

石晓荣更喜欢直接处理一些问题。有问题时，她常常直接跟负责这项工作的设计师本人联系，有时也会叫上主任设计师一起开会，共同研讨。石晓荣说，很多技术难题都需要大家集智攻关，打破上下级关系，缩减流程，从而有利于问题更快地解决。

对于有能力的员工，她也会着力培养，放手交给他们重要的任务，并主动为他们争取机会。而一旦遇到问题，她总是第一个站出来承担。“对设计师要以鼓励为主，营造一个相对宽松的环境，让他们安心工作。”石晓荣说。

凭借慢慢摸索出来的带队伍之道，几年来，她所带领的团队培养出了很多主任设计师、副主任设计师，“70后”“80后”年轻骨干更是举不胜举。2008年，石晓荣带领的专业组获得航天基金集体奖。

对成功和失败，石晓荣也有自己独特的见解。她一直很珍惜失败的经历。她认为，与成功相比，失败更锻炼人。在遇到问题、发现问题、解决问题的过程中，人们能学到成功不能给予的东西。而且，遇到问题的时候，团队的凝聚力也会充分地展现出来，使她对队伍的能力更有信心。

“曾经经历过失败吗?”“那太多了。”石晓荣笑着说。在她看来，不论遇到什么困难，只要积极想办法应对，整个团队的意志就不会垮掉。

“我没想过要离开航天”

石晓荣与航天事业结缘是从高中时代开始的。她高中时就读于西安华清中学，学校旁边就是中国航天科技集团有限公司九院771所，她身边的很多同学都是该所职工的孩子。因为和航天子弟的接触比较多，石晓荣最早对航天的认识，就是从那个时候开始的。

“那时候每逢我国发射卫星时，他们就会在班上宣扬，所以我也多少了解一些。”石晓荣说，“当时对航天的认识很肤浅，只觉得航天人从事的工作是探索宇宙，挺伟大、挺神秘的。”1994 年，石晓荣以优异的成绩考上了北京航空航天大学，在自动化学院学习飞行器控制。从本科到硕士再到博士，石晓荣一读就是 10 年。毕业后的就业方向，也曾一度困扰过她。那个时候博士生找工作比较容易，石晓荣在外企和民企都做过兼职，选择余地较大。综合权衡了个人发展、专业对口等多个方面后，她最终选择了中国航天科工集团公司四院 17 所。

刚到所里的时候，石晓荣天天捧着单位给新人发的“红宝书”研究，遇到不懂的问题就四处求教，给所里的领导和同事留下了深刻的印象。她自己也在请教的过程中得到不少额外收获：老专家知识的博大精深、航天人的攻关和奉献……这些，都深深吸引着这个刚出校门的航天新兵。

直到今天，石晓荣还清楚地记得她第一次去试验场的情景。

那是 2006 年，她们去试验场执行任务。之前进行的大量理论推导和分析终于要经历实践的检验了，石晓荣说那种感觉就像一个学生经历 10 年寒窗苦读后去参加高考一样，既紧张又兴奋。结果，试验非常成功，完全符合她们的计算和推导。“当时 70 多岁的师傅激动得热烈盈眶，所有人都抱在一起哭，真的是发自心底的高兴。从那以后，我就再没想过要离开中国的航天事业。”石晓荣说。

从那次起，每次去试验场做试验，都是石晓荣最紧张、也是最兴奋的时刻。在发射的几分钟时间里，她的心跳加速，紧握的双手被汗水所浸湿。试验对象运动的曲线只要稍有偏差，她就会非常紧张。

石晓荣的大部分大学同学都在外企或私企工作。一次同学聚会，大家问了她一连串问题：工资高么？打车能报销么？加班有加班费么？……石晓荣的回答都是“不能”“没有”。“那你还不赶紧跳槽？”同学们不解地问，她只是微微一笑，不作过多的解释。

“工作不只是为了挣钱，为了个人消费。在航天领域，我们每一项任务都与国家利益息息相关，每一项成果都是团队一起攻关得来的，因此在成功后有一种难以言表的成就感和价值感，这种精神满足是没有经历过的人永远无法体会的。”这就是石晓荣的精神世界。

发表媒体：《中国航天报》

发表时间：2011 年 11 月 24 日

用全部生命写就“导弹人生”

——记“两弹一星”功勋奖章获得者、我国著名火箭与导弹控制技术专家黄纬禄

宗　文

也许，岁月能改变世界，但改变不了他毕生的追求；也许，光阴能蚀去记忆，但蚀不去他在中国导弹研制史上浓墨重彩的一笔。热爱祖国、无私奉献、自力更生、艰苦奋斗、大力协同、勇于登攀，正是他真实的写照。

2011 年 11 月 23 日，他静静地离开了我们。然而，“两弹一星”精神将超越时空，永远激励着全中国人民为实现祖国的繁荣富强和中华民族的伟大复兴而拼搏奉献。他，就是“两弹一星”功勋奖章

获得者、中国科学院资深院士黄纬禄。他是中国航天事业的奠基人之一、中国导弹事业的开拓者之一，他开创了我国固体战略导弹先河，为我国导弹技术发展奠定了重要基础，为我国航天事业作出了卓越贡献。他用全部生命写就了“导弹人生”。

一定要搞出自己的“争气弹”

20 世纪 40 年代初，20 多岁的黄纬禄在中央大学求学和毕业后的社会经历中，看到了祖国在日本帝国主义铁蹄践踏下的风雨飘摇。

在痛苦地思考、寻找救国之路后，他抱定了“科学救国”的志向。在英国刻苦学习科学技术期间，他第一次知道了“导弹”这个词，并亲眼见到了这个“大家伙”。当时，他的脑海中闪出了一个念头：要是中国拥有了导弹，日本帝国主义就不敢再侵略我们了！

1947 年，在拿到硕士学位后，黄纬禄毅然放弃了留在英国工作的念头，怀着满腔热情回到日夜思念的祖国。

1957 年，在刚刚成立 1 年的中国导弹研制机构——国防部五院，黄纬禄开始了他的“导弹人生”。

中国导弹的研制是从仿制开始的。但是，正当仿制工作进入关键时刻，苏联却单方面撕毁协议，撤走了全部专家，给中国的导弹研制工作造成了无法想象的困难。黄纬禄和他的战友们下定了决心，一定要搞出自己的“争气弹”，争中国人民的志气！

从此，黄纬禄和他的战友们以“上不告父母、下不告妻儿”的铁律，脚踏实地、攻坚克难，开始了导弹研制的新征程；以“生在永定路，死在八宝山”的誓言，自力更生、默默奉献，描绘出共和国导弹事业的新画卷。

黄纬禄担当起了导弹的“中枢神经”——控制系统负责人的重任。“飞得稳，打得准，主要靠控制系统”，他很清楚自己肩负的责任有多重。可是，中国导弹事业的基础是一穷二白，一切必须从零开始。

然而，黄纬禄并没有望而生畏。

“干什么工作，只要去干、去学，总是可以学到手的。就像爬山一样，在山下，看着山顶那么高，不要被吓住了。要一个台阶、一个台阶地向上爬，上一个台阶并不困难，上一个台阶就离山顶更进一步。只要坚持不懈地往上爬，最后，总是可以爬到山顶的。”黄纬禄说。

于是，他从基础学起，把自己已有的经验和技能想方设法运用到工作中，同时吸纳新的知识和技能。

面对新出现的问题和挑战，黄纬禄想起抗日战争时中央大学搬迁后的互帮互助教学法。用这个方法，大家共同学习，很快掌握了大量的知识。黄纬禄和他的同事们不舍昼夜，加班加点，即使领导们出于对大家身体健康的担忧，动员早点回去休息，他们也只是等领导一走就又都返回重新投入到工作中。这样的日子几乎就是他们当时的工作常态。

首枚导弹运往试验场前，黄纬禄和同事们在午夜灯火通明的生产车间里，连续奋战了好几个昼夜，把每一个环节重新仔细地检查了一遍；在冬季滴水成冰的试验场厂房里，对每一个电路单元都进行了反复的调试，不放过任何一个小细节。他们要向世人证明，中国人靠自己的力量也能造出导弹来。

1964 年 6 月，改进后的东风二号发射取得圆满成功，翻开了我国导弹发展史上自主研制的新一页！

1966 年 10 月 27 日，中国首次由导弹运载发射的原子弹在核试验预定地点成功爆炸，中国导弹研制试验成果震惊了世界！

10 年，黄纬禄和他的同事们仅用了 10 年，便走过了从仿制导弹到研制导弹的自主创新之路，实现了中国导弹零的突破，使我国液体战略导弹控制技术达到了新的水平，取得了被外电评论为“像神话一样不可思议”的进步。

蛟龙出水雷震海天

早在20世纪60年代，我国已先后研制成功了原子弹和液体地地战略导弹，但是液体导弹准备时间长且机动性、隐蔽性差，缺乏二次核打击能力。面临美国、苏联两个超级大国的核威胁和核讹诈，中国急需有效反制手段。研制从潜艇发射的潜地固体战略导弹势在必行。

黄纬禄临危受命，担纲我国第一枚固体潜地战略导弹的总设计师。

为了准确掌握具体情况，黄纬禄走遍了大江南北、黄河上下、大漠荒原、戈壁深处。

他发现，研制条件十分欠缺，急需少花钱、多办事、快办事、办成事。

他心急如焚，食不甘味，无法入眠。

他觉得科研经费是人民节衣缩食省出来的，国家底子薄，经济困难，应该为国分忧，在不降低性能指标、不延长研制周期的情况下，尽量少花钱多办事，能节省一点就节省一点。

苦苦思索之后，黄纬禄提出了“台、筒、艇”3步发射的试验程序，并得到了国防科委的认可。

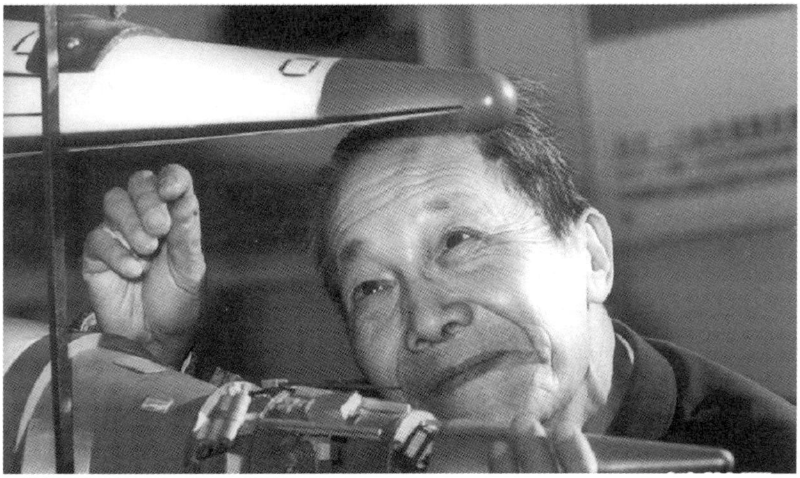

“台、筒、艇”就是第一步在发射台上进行试验，第二步在陆上发射筒中发射导弹，第三步在舰艇上打遥测弹。这样做省去了投资巨大的水池，大大简化了试验设施，节约了大量研制经费和时间，开创了一种具有中国特色的试验程序。

为了获取导弹水下基本力学参数，进行模型弹投入水中入水深度的试验，是一个必经的步骤。模型弹是一个近 10 吨、直径 1 米多、长 10 多米的白色钢壳“大家伙”。如何投入水中、投在什么地方，是一个困扰大家的难题。

有人提出疑问：哪有这么高的平台安放模型弹？这么重的弹怎么起吊投出啊？这么大的弹体落下来万一砸在潜艇上，不是很危险吗？

面对别人的质疑、面对同事的动摇，胸有成竹的黄纬禄知道，光靠计算数据是说服不了别人的，必须有“奇招”。

1970 年 7 月的一天，人们看到，在新建成不久的南京长江大桥中央停放了一台巨大的吊车。似火的骄阳下，那个白色的“大家伙”正在被反复地以各种姿态投入水中，并获取了大量的有效数据。

就这样，黄纬禄带领这支年轻的研制团队，克服了研制起点高、技术难度大、缺乏预先研究等困难，充分利用现有资源，开展了大量的试验验证，反复修正设计，终于取得了固体导弹技术和潜射技术的重大突破。

1982 年 10 月 12 日，渤海的海面上，一条喷火的蛟龙跃出水面，以极快的速度直飞蓝天，在海天之间绘出一幅壮丽的景观……

准备了十几年时间，多少人为之付出心血的第一代固体潜地导弹终于研制成功了。

试验的成功震惊了世界，标志着我国成为具有自行研制潜地导弹和水下发射战略导弹能力的国家。中国拥有了二次核打击能力。

在蛟龙出水、雷震海天的背后，是艰苦奋斗的航天人的豪迈之情。

航天系统工程中的“金科玉律”

了解航天事业的人都知道，有一条“四共同”原则一直被奉为航天型号系统协调工作中的“金科玉律”，即：有问题共同商量，有困难共同克服，有余量共同掌握，有风险共同承担。

在嫦娥一号卫星发射成功之后，时任工程总指挥的栾恩杰在总结成功经验时也指出，“四共同”原则正是各系统协调工作的理念。这一原则是黄纬禄最早在潜地导弹的首次总师扩大会上提出的。

黄纬禄认为，在工作过程中，有时需要定方案或决定采用什么样的措施，作为总师最好不要自己拍脑瓜一想就决定怎么解决。发扬技术民主是解决问题的有效方法。

他一贯主张让技术人员、行政干部、技术工人等参与讨论问题的有关人员，从各自不同的角度，充分发表自己的意见和看法，集思广益，扬长避短，才能把方案定得比较正确，问题解决得比较合理。黄纬禄在真理面前讲求民主，这也使得他的想法更加接近真理。

在潜地导弹的研制过程中，曾经遇到了一个问题，虽然经过多次改进却无明显的效果，难题在短期内难以解决，这将使各方面的工作长时间停顿下来。

在这个紧要关头，黄纬禄果断决定召开首次总师扩大会。他要求大家都把余量拿出来，再分散难点。在分散的难点中，有的单位努力尝试了很多次，却仍旧达不到新指标的要求。黄纬禄当时便明确指出，这样的风险要共同来承担，不能出了问题时相互指责、埋怨。对于风险而言，黄纬禄也明确表示：“作为总设计师，我首先要承担责任。”这次总师扩大会之后，根据黄纬禄的讲话内容总结出了“四共同”原则。如今，这一原则已经成为中国航天事业的一笔宝贵财富。

品德比技术更重要

黄纬禄虽是一位长期担任重要领导职务的老专家，但却时时处处以普通党员的身份严格要求自己，做到身正为范。

他对各种奖励总是“退避三舍”。他说：“我虽做了一些工作，取得一些成绩，但不是我个人的，航天工程不是一个人或少数几个人可以完成的，需要大家共同努力才能完成；在成绩面前，尽量考虑别人的贡献，失败了要尽量考虑自己的责任。”同时，黄纬禄始终将严于律己、宽以待人作为人生格言。他说：“其身正，不令而行；其身不正，虽令不行。”人们至今还依然记得黄纬禄的“三个三”：在试验场三条要求，和大家一起排长队买饭，一起搞卫生，一起扫厕所；出差三条要求，只要能走出去就行，只要有饭吃就行，只要有地方睡觉就行；用公车“三不许”：自己私人外出不许用车，接送亲友不许用车，家人有事不许搭车。凡是与黄纬禄共事过的人都为他有容乃大的心胸所折服。

未来：希望寄托在你们身上

黄纬禄十分注重对人才的培养，他诲人不倦，悉心指导，桃李满天下。他在工作中亲自传授技术人员研究方法，在试验现场指导年轻人解决问题，在生产一线告诉工人师傅提高效率的“窍门”，在连队、学校认真向官兵和学生传授自己的经验体会……

他曾经语重心长地对年轻员工说：“希望寄托在你们身上，希望你们献身于这一崇高的事业，使它蓬勃发展，使我们的祖国立于世界民族之林，这是何等光荣的任务啊!”当黄纬禄年事已高在家养病时，他家里就像一个课堂，航天系统的技术专家、科研院所的研究人员、企事业单位的团员青年、试验场的军官士兵、附近学校的老师学生、外地慕名而来的求学人士络绎不绝……每次他们来，黄纬禄都悉心教导，毫无保留地讲述导弹研制的历史，传授自己的知识，详细解答他们提出的问题。他“品德比技术更重要”的谆谆教诲始终铭记在年轻人心中。

现在这些年轻一代已经成长为各个领域的中坚力量。

作为航天人、作为导弹型号研制的总师，黄纬禄明白，属于自己的时间实在太少，肩上的责任实在太重，而人生似乎过短。躺在病榻上的他，还依然挂念着航天、惦记着导弹……

在回首自己的过去时，黄纬禄说道：“我把我的一生都交给了导弹事业，我无怨无悔。”晚年时的黄纬禄始终牵挂着中国导弹事业的发展，他说：“假如还有来生，我还要搞导弹……”（更多黄纬禄的事迹请参见《雷震海天》一书）。

发表媒体：《中国航天报》
发表时间：2011 年 12 月 1 日

捐髓：发生在刘江身上的故事

曹恒平

“恩人，是您的无私无畏，搭起了我生命之桥！是您给了我，以及我的家人安宁、幸福！是您给了我第二次重生的希望！……”12月20日，北京某白血病女患者多次要求前往北京空军总医院拜谢“恩人”刘江为其捐献骨髓，未获允许后，含着热泪，一笔一划地写下了这封摧人泪下的感谢信……

面对这发自肺腑的感谢，面对患者家人为刘江“请来”附有“好人一生平安”的观音，笔者为航天人的大爱而感慨，并想起了唱红九十年代的一首歌：你加我我加你，大家心相连，同舟共济海让路……

我会坚守“承诺”

22 岁的刘江，毕业于湖北航天工业学校数控技术应用专业，2010 年 4 月应聘江北公司二车间从事数控铣工。2010 年 5 月，他成为了中华骨髓库捐献造血干细胞志愿者。

9 月 21 日，刘江接到孝感血站的电话，得知自己的血液配型与北京一位二十岁左右的白血病患者初配吻合，且非血缘关系高分辨配型成功概率仅十万分之一后，他觉得很幸运：这么小的概率，我都能与患者配上，我一定要拯救这名女大学生！

为了给患者提供健康骨髓，他主动制定作息时间表，“聘请”母亲监督，督促他每天早睡早起，戒酒戒辛辣食物，早晚坚持锻炼、打篮球……

从初配成功，到以后的高分辨、体检，乃至干细胞移植前的每一个程序，都需要捐献者给予承诺。对此，他从没犹豫过：我一定会坚守自己的承诺！

也源于信守“承诺”，当病重的姥姥托人从山西打来电话，期盼国庆节能见到他时，他含泪以“正准备赴京捐髓”的理由选择了放弃！当父亲将挤出的近二个月工资让他考驾驶执照，他在通过理论考试后，又选择了放弃……

12 月 13 日 21 点 17 分，刘江踏上了赴京捐髓的列车。见孝感火车站台众多送行者、围观者、相机以及摄影师都聚焦刘江，还没待他进车厢入座，列车长便领着乘务员提着热乎乎的开水过来了，“小伙子，你真伟大！有需要我们服务的，请随时提出！”。

车厢内不断挤过来的乘客，由敬慕、惊诧，进而转化成了长时间的热烈掌声与称赞声……

一定要对别人负责

12 月 14 日，是刘江入京的第一天。

为了让刘江少耗点体力，不出现感冒，不因乘公交车不小心挤伤、碰伤，又能让儿子去看看天安门，尽管家境不宽裕，每月还要还贷上千元，支助年迈的奶奶、外婆等等，可刘江的母亲还是“奢侈”的选择了打的。

回来是花几元钱挤公交车，还是继续掏60元打的？习惯节俭持家的母亲犹豫了！可远在山西父亲的电话，“家里再困难，也要为患者着想，他身上可系着一条人命啊！既然答应别人了，就一定负责!”，让她选择了后者。

“一定要对别人负责!”几乎成了这个家庭压倒一切的头等大事，成为了每天丈夫告诫妻子，母亲要求刘江的口头禅。刘江女朋友说，父亲每天三番五次的要求儿子：要多吃水果，要按医院要求进食、休息等等，虽然每次总是围绕“一定要对别人负责!”在说事，却让母亲的话费漫游了近400元。

12月17日，是注射细胞“动员剂”的第三天。按理说，注射化学药液将骨髓中的干细胞逼到外周血液中，会令刘江出现“流感”症状。可此时，刘江却丝毫没有出现免疫力下降、腰酸、疼痛等不适症状。

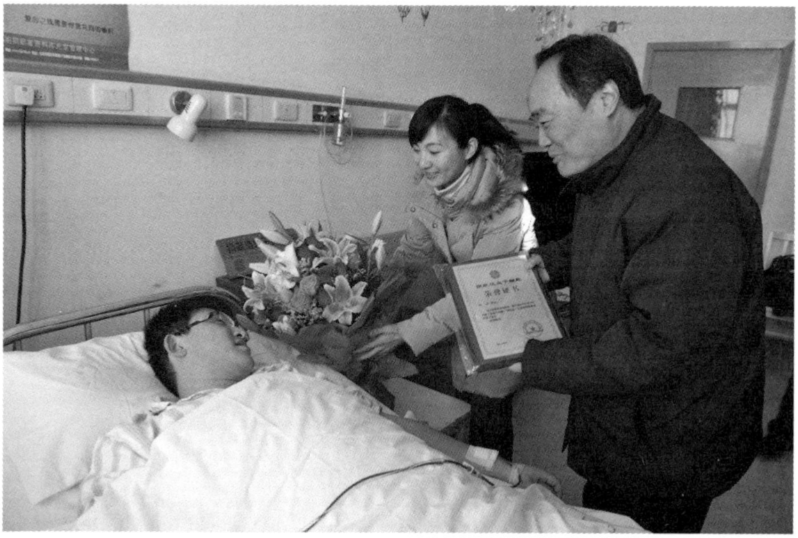

面对依然蹦蹦跳跳、有说有笑的儿子，母亲犯疑、着急了。尽管护士说这种现象也偶尔出现，但身感极度困乏，甚至连见饭菜都想吐的母亲，还是强忍着身体的不适，想出了让刘江有“反应”的绝招：中午一点出发，带着刘江在西单、王府井等地逛街逛到了晚上8点多……

航天人都这样

12月19日，刘江住进特护病房进行干细胞采集（也称骨髓移植）。

尽管他双臂插管，长达五个小时躺在病床无法动弹，多次因痛、胀得需注射药液缓解，但当他得知次日还要继续采集20～30毫升时，他不加思索地答道：“干脆与今天一样，采集60毫升吧，免得万一不够！”

见刘江如此爱心，且长达五个小时的采集过程中一直在说笑，医生敬佩之余讲出了今年采集中的花絮：有2名捐髓者因忍受不了疼痛，一个中途拔针跑了，一个听说还要二次采集，连夜溜了……。所以，初配成功后，仍有不下30％的捐髓者因各种原因，中途退却了。

12月20日，刘江二次为患者捐髓，共提取钙细胞悬液120毫升，光荣地成为了中华骨髓库建库以来，第2549名骨髓捐献者。

面对刘江及其家人无私无畏的善举，中华骨髓库医疗服务部部门负责人竖起了大拇指“真是一个伟大的母亲！一个伟大的家庭！”可刘江的母亲却还是重复着她多次说的一句话：“他们航天人都这样，有爱心！有责任感！”。并不断列举了刘江赴京之前，公司对他的支持、关怀：给三个月的休假，公司领导为其开欢送会、送花、上门慰问，前往火车站为其送、接站等等……

刘江的母亲还解释说：当初之所以把儿子送到湖北航天工业学校来上学，乃至2008年以后，我、两个孩子，都纷纷远离山西老家一块来到三江工作、生活，并待爱人退休后准备一同扎根三江，其真正原因，就是我们看上了航天这块拥有“大爱”的沃土……

连日来，刘江赴京捐髓救治白血病患者一直成为了孝感电视台、《孝感晚报》《楚天都市报》《湖北日报》及《长江商报》等众多媒体抢先报道关注的热点，并在荆楚大地广为传颂，成为了感人至深的佳话。

刘江，不仅是江北、三江人的骄傲，更是航天人的骄傲。好样的，刘江！

发表媒体：《中国航天报》

发表时间：2011 年 12 月 27 日

“女焊接大王”的成长之路

——一个“小女孩”赢得了国际手工焊接中国赛区总冠军

李　娜　蒋建科　李胜召　王子龙

一个“小女孩”，身材并不是很强壮，但却是焊接大王，是国际大赛中国赛区总冠军。这个“小女孩”就是中国航天科工集团公司三院8357所青年技能工人陈洁，第二届IPC手工焊接大赛中国赛区总冠军。

去年12月2日下午，在深圳“中国PCB印制板设备展”上，半人高的围栏将一块不足100平米的地方与热闹拥挤、人声鼎沸的展会隔成了两个天地，第二届IPC手工焊接中国区决赛的最后一组比赛正在这里紧张地进行着。评委们在选手身后专注地观察，赛场上方支着几架摄像机，记录着选手们的每一个动作。一身白色工作

服的陈洁胸前蓝色的“CASIC”标识格外显眼。

IPC是美国国际电子工业联接协会，拥有两千六百多个协会会员，是美国乃至全球电子制造业最具影响力的组织之一。IPC手工焊接大赛中国区共有华北、华东、华中、华南及西南五个赛区，参赛选手来自航天、航空、光电等多个行业以及中兴、华为等多家知名企业，陈洁一路过关斩将，以华北赛区第一名的身份进入了在深圳举行的总决赛，并最终勇夺全国赛区总冠军。

虽然并没有人要求她一定要拿什么名次，但陈洁还是觉得自己肩上的担子很重，她称之为“五个代表”，说到了决赛现场，她就不是一个人，而是代表着“华北赛区”“天津市”“8357所”“航天三院”“航天科工集团”，必须好好干。来自航天二院的选手也以优异成绩荣获亚军，航天人的出色表现赢得了满堂喝彩。在颁奖典礼上，人们感慨地说：“中国航天工业不愧为中国工业的脊梁”。

“赛场就是平时工作浓缩的体现，完全没有临阵抱佛脚的机会。”陈洁是车间里当之无愧的技术骨干，她常常参加各种型号的首件试制生产，在没有工艺指导的情况下，不仅能突破新产品的技术难点，还善于分析钻研，时常指出设计的不足之处。

35岁的陈洁参加工作已经15年了，脸庞清秀的她看着就像一个小女孩。从技校毕业后来到8357所，从一名普通的技工成长为一名技术骨干，一路伴随她的，有迷茫中的烦恼，有磨砺中的痛苦，但更多的是她一步步攀登和追求的坚实脚印。

最初，她也很惧怕那些属于“疑难杂症”的活，但就是凭着一股韧劲才练就了过硬的技术。一次陈洁接到一个特别难啃的“硬骨头”机箱。那阵子她几乎连吃饭睡觉走路都在脑子里勾画着布线。终于，一天做饭的时候她灵机一动，突然想通了合理可行的布线格局，拿起笔记本就换起了布线图，画完一看菜都已经糊了。

有一次，车间接到一批时间紧难度大的任务，包括陈洁在内的车间的技术骨干们连续一个多月没日没夜地赶活。在一天深夜加班中，陈洁“爆发”了。面对着主任再一次堆到面前如山的板卡，她冲着主任大声抱怨道：“这活也太多了吧！我都好几天没怎么睡觉了!”但是，喊归喊，她手中的活却一刻也没有停下，产品依然完美堪称“艺术品”，干完之后自己又跑去“要活”。

陈洁作为第三代工人的“领头羊”，并不满足于自己一个人的成绩，经常说：“一两个人拔尖儿不可能有太大贡献，只有大家都优秀了，才能让产品件件都是精品”。她从不隐瞒自己的技术诀窍，乐于将经验传授给年轻的同事。

陈洁即将作为中国赛区唯一代表，赴美国参加IPC全球手工焊接竞赛，她坦然笑道：“到那时候，我还代表了中国赛区，压力更大了。”

“但是，就像比赛时，无论多紧张，只要一坐到操作台前，那种熟悉的感觉一下子就能让我平静下来。这种感觉大概就是来自于平时的踏踏实实工作吧。”陈洁说。

发表媒体：人民网、《人民日报》
发表时间：2012年4月5日

奋斗撑起的人生坐标

付　松

如果人生是一条小船，梦想便是这小船上的风帆，不把风帆挂上桅杆，那就是一块无用的布。人生的航程虽然漫长，但要紧的也不过几处，有人一辈子在漩涡里打转，而她，却用勤奋和胆识、睿智和勇气闯过了急流险滩。

她就是中国航天科工集团公司〇六一基地江南机电设计研究所第五研究室主任苏日新。

认定了就不再改变

做一个科研工作者，这是性格使然。她沉着、稳重、羞涩而腼腆，偶尔掠过脸庞的一丝微笑，不是满足，而是谦逊，因为这笑容

里还浸润着淡淡的红晕。“从小就对逻辑和推理很感兴趣，所以在理科方面比较出色，自己的理想便是将来做一个科研工作者。”苏日新说。

1997年，她从北方交通大学交通信号专业本科毕业，分配到广西南宁的铁路部门工作，这份工作是当时很多人都梦寐以求的，但她始终坚持着做一个科研工作者的梦想。

志趣、执着、事业、担当，让苏日新从未停止过求索的脚步，也从未放弃任何一个实现梦想的机会。

功夫不负有心人。1999年，苏日新以高分考入中国航天科工集团〇六一基地某控制专业攻读硕士学位，童年的梦想开始在她的努力中变成现实。

导师的人格魅力、奉献精神、渊博学识、研究态度深深地感动了她。“一代又一代的航天人都在为我们祖国的繁荣昌盛而不懈努力，我为自己能成为其中的一员而骄傲。”苏日新找到了自己的人生坐标。

认定了就不再改变。2003（2002.04）年硕士毕业后，凭自己的实力，完全可以在经济更发达、条件更优越的城市找到立足之地，但她却选择留在贵州。“是这片土地支撑起我的梦想，贵州虽然落后，但毕竟是暂时的，在这里我能够获得更大的发展空间。”

9年来，苏日新不断用行动证明诺言，用成果体现能力，用荣誉彰显价值，辛勤的付出获得了各方面的肯定。2004年获基地青年岗位能手称号；2005年荣立基地型号研制三等功；2006年获国防科技工业国防科学技术奖二等奖；2008年获贵州省“五一”巾帼奖和“五一”劳动奖章；2009年获贵州省“五四”青年奖章；2010年获第十届“贵州青年科技奖”；2011年获全国“三八”红旗手和全国“五一”劳动奖章。她所带领的团队，也多次被基地表彰。

一个个闪光的荣誉，见证了苏日新奋斗的人生。

“困难总是要解决的”

人生的价值，并不是用时间，而是要用深度去衡量的。

选择了科研工作，就难免与困难为伍，也注定了要花更多的时间去假设、推理、计算、实验。对于苏日新来说更是如此。

由于大学本科和读研阶段所学的不是同一个专业，这意味着她的科研之路就是一个从未涉足的全新领域，一切都得重新再来。

即便如此，她仍然激情满怀，信心十足。在读研的3年时间里，她常常在进行实验操作的同时去翻阅各种理论书籍，探索解决问题的途径和方法，并由此打下了扎实的理论基础。

2003年，基地研制的某国家重点型号进入关键时期，刚刚研究生毕业不久的苏日新主动请缨，肩负起研制任务的技术攻关。

为能够在规定的时间内完成此项工作，她与技术工作者们积极协作，克服时间紧、设计难度大等困难，通过夜以继日的艰苦奋战，凭着不服输的信念和勇气，最终啃下了这块“硬骨头”。

“困难总是要解决的，困难也总是能解决的。”面对困难，苏日新从未低头退缩，而是斗志昂扬。

在她承担的国家重点型号研制和十余项预先研究任务中，有7项重点预研课题和攻关课题的研究成果已成功应用于国家重点型号武器系统的研制中，为在研型号和后继型号的研制打下了坚实的基础。

在某新型号的研制中，她勇挑重担，努力攻关，有效地解决了新型武器系统控制回路中的关键技术难题，突破了新型号研制工作中的“瓶颈”。

她提出的创新设计方法为复合制导关键技术的突破提供了理论支撑。

如今，37岁的苏日新已经先后成为基地的科研骨干、高级工程师、硕士生导师、研究室主任、某控制系统总体设计主任设计师……

她的事业正如她的名字，每天都是新的开始。

两个团队持续给力

能够取得如此骄人的成绩，苏日新背后的两个团队功不可没。一个是她的科研团队，一个是她的家庭。

苏日新现在的科研团队有20个人，其中包括她所带的两名研究生。“这是一个非常团结的团队，非常年轻的团队，也是一个非常上进的团队。”年龄最小的22岁，平均年龄也不过30岁左右。苏日新成了团队里年轻的“长者”。

在工作中，她不像一个领导，更像一个大姐。“该批评的就批评，该严格的就严格，该包容的就包容，该帮助的就帮助。只有全部拧成一股绳，才能发挥最大的力量。”

她注重年轻人的培养和使用，带领着团队成员努力学习各种专业知识，积极开展“创建学习型班组”“争当知识型职工”等活动。

针对多型号并举的繁重任务，她在对团队成员深入分析和综合

考虑的基础上，进行科学分组，每组选一名专业技术和科研能力过硬的担任组长，这样既提高了团队的工作效率，又为控制系统专业人才的培养发挥了积极的作用。

很多新入所的大学生，遇到不懂的问题总是喜欢向她请教，而她每次都是耐心讲解，悉心引导。还常常找机会让年轻同志参与研究工作，使其得到真正的锻炼。

研究所的宣传干事陈剑芳曾多次采访过苏日新，小陈说："苏主任工作严谨，做事认真，待人随和，从不看重名利，在科研方面的钻劲更是让人敬佩。"

研究所党委工作部副部长、办公室副主任谢霞回忆："苏主任刚来所里的时候，业余爱好就是打羽毛球，那时候我们曾联手获得所首届青年羽毛球比赛的冠军。只可惜，繁重的科研任务早已取代了她这唯一的爱好。"苏日新也坦言，2005 年以后，她的手就再也没有握过羽毛球拍。

基地组织宣传部副部长周登梧说："她是一个敬业的人，做出的成果往往超出预期的目标。她又是一个注重细节的人，去年作为第九届民族运动会的火炬手，每一个动作都能体现她的谨小慎微。这是一个真正的科研工作者的处事风格。"

每一点成绩的背后，总有她的心血和汗水，也有她对家人的内疚和惭愧。

2003 年，由于试验工作的需要，苏日新被临时派往酒泉卫星发射中心，一去就是半年多，那时已经临近她的婚期。2002 年 8 月就领的结婚证，一再推迟婚期的情况下，直到 2003 年 6 月才举办了他们迟来的婚礼。

后来的日子里，在荒漠戈壁上渡过一年半载成了家常便饭。她曾经连续三年的春节都在发射中心的靶场（试验阵地）上度过，没能和家人一起团聚。

丈夫放弃了南宁优越的工作，来到贵州和她一起投身到中国航天事业的科研工作中。偶尔一起走在园区内，他们俩成了一道亮丽的风景。

“女儿多数的时候都是父母照顾，只有学习是我和丈夫轮流辅导。孩子马上就 8 岁了，但她从来没有纠缠过让我带她逛街、进公园。”苏日新的眼圈红了。

最让苏日新难忘的是 2008 年的那个春节，除了他们一家三口，还约了几个没能回家的朋友，自己亲自下厨做了一桌饭菜，谈笑风生，举杯共饮。那个春节成了她们最美好的一段回忆。

“他们都是我的坚强后盾。”提起同事和家人，她感受到的是更多的理解与支持。

奋斗的人生没有终点

一个人如果能够将所从事的事业与某一远大目标紧密相连，并能从中发现自己的使命，他就能从中感觉到生命的价值，这种价值就在于创造与奉献。

在航天科研的领域里，苏日新有她崇拜的人，那就是钱学森。“钱老不仅仅在一个方面是专家，在很多领域都非常出色，他才是我们应该学习的楷模。”

苏日新在前辈们的伟业中汲取了前进的力量，也在前进的过程中看到了科技发展的春天。“2011 年贵州省委省政府召开的科学技术大会，对贵州科学技术的发展将会起到很大的推动作用；国发 2 号文件，为我们的科研从军工转向民用（走军民融合道路）提供了广阔的空间。”这样的机遇，又将为苏日新和她的队友们开启新的征程。

航天事业对于一个民族一个国家来说份量是相当重的，近几年我们国家在航天事业上虽然取得了长足发展，但与美国、俄罗斯相比，差距还比较大。

“研制出来的产品是不是最好的，能不能与外国的产品比拼，这是我们最期待的事情，也是我们航天人应该肩负的责任和使命。所以，我们只能拼搏、拼搏、再拼搏……”。苏日新的语言坚定而有力。

心有多大，舞台就有多大。奋斗的人生没有终点，苏日新们始终奋战在航天科研的道路上。

发表媒体：《当代贵州》

发表时间：2012 年 2 月 28 日

一辆雷锋车十年搭载万余人

刘　汨

唯一能让人们迅速记住史永乐的，就是他胸前的雷锋纪念章和贴着“雷锋车”标牌的蓝色斯柯达轿车。

学雷锋已成为这位中国航天科工集团公司第二研究院工作人员的一种生活习惯。在部队时，他先后照顾军烈属、五保户20余名，捐助23名学生完成学业，救助意外受伤群众6次。转业10年来，他驾驶着斯柯达，免费搭载了一万四千多名乘客。被评为“全国学雷锋先进个人”，成为享誉京城的“雷锋车司机”。

见证

上班路上先在车站捎点人

2月28日清晨6时，天微亮。洋桥附近，47岁的史永乐驾车从家中离开。

路过草桥公交车站时，史永乐将车窗摇下，“有去公主坟方向的吗？学雷锋做好事，免费搭车。”此时，公交车站上约有10名候车市民。

大部分人选择装作没听见，一名小伙子迟疑了半分钟，抬腿上车。

如此经过几站“扫客”，史永乐的斯柯达车上只有两名乘客。他一脚油门下去，驶向公主坟。

“您还真是学雷锋呀？”看到车窗前的那块“学雷锋免费车”的标牌以及一块签名板，车上乘客的神情松弛了下来。签名板上，签有包括雷锋生前班长、排长等有关人员的名字，还有几份曾报道过史永乐事迹的报纸。

“不为出名，就是为了让更多人信任我，搭我的‘雷锋车’。”史永乐不好意思地说。每周最多时能有三四十人搭上他的顺风车。

误解

被当骗子好心竟换来斥责

但“误解”似乎也总是如影相随。

2002年，在部队工作了20年的史永乐退伍，留在了北京，并因工作需要买了辆蓝色“斯柯达”。

当年年底，途经杜家坎时，路边一名中年妇女进入了他的视线。几个大包放在地上，无助地看着滚滚车流。

摇下车窗，史永乐平生第一次发出了免费搭车的邀请。当然，误解也随之而来。“别别，我就是因为钱不够才不敢打车呢。”

费了好一番口舌，史永乐才将自己的第一位“乘客”请上了车。

即使到今日，有时，好心换来的还是不信任的斥责。“想骗我们的钱没戏，再不走就报警了。”

曾有一名小伙子知道了史永乐的事迹后也想效仿，但三天过去，一个活儿也没拉到。为此，小伙子专门坐上他的车取经，“其实也没什么，就是抱着一颗帮助别人的平常心，不用多想。”史永乐说。

回报

感染他人去传递雷锋精神

如果说史永乐想从每位乘客那里得到什么“回报”，那便是对“雷锋精神”的认同和理解。十年来，他的车上已经用去了13本“思想观念交流本”。

每每有人坐上史永乐的车，问得最多的总是：“您为什么要这么做?”而史永乐的回答也永远是那么干脆简单：“学雷锋啊!”

有一次，史永乐在亚运村拉上了一位年轻女孩。少见的，女孩

始终没有打开话匣子，一路上两人相对无语。“能看出来，第一次碰上这种事，孩子有些紧张。”

没过几天，女孩又搭上了史永乐的车上，这次的气氛明显轻松了许多。“您别笑话，上次坐完您的车我就想也多帮助帮助别人，至少现在每次乘电梯，我都主动帮别人按楼层按钮了。”女孩说。

心愿

换辆新车　想拉更多的人

史永乐至今还记得退伍后第一份工作的情景，那会儿他在一个单位当保安经理，没事时总能将单位的面包车当“雷锋车”开出来。“那感觉真爽，能让那么多人都坐上顺风车。”

十年“雷锋车”开下来，史永乐并没详细计算过为此多跑了多少路、多花多少油钱。但面对眼前这辆开了十年的斯柯达，他也着实有个心愿：希望自己的斯柯达能成为一座活动的“雷锋精神”宣传站。“想换辆新车，不为自己，就是想拉更多的人。”

为让“乘客”心情愉悦，史永乐的雷锋车总是擦拭得干干净净。

发表媒体：《法制晚报》
发表时间：2012 年 3 月 2 日

孙武：为了成就天神交会的“明眸”

——记曾宪梓载人航天基金获得者，交会对接微波雷达技术总负责人孙武研究员

杨　雯　陈　洁

孙武，中国航天科工集团公司二院25所微波雷达总设计师，研究员。长期从事微波雷达研制工作。十余年来，孙武不断潜心钻研、攻坚克难，突破一系列关键技术，带领团队研制的微波雷达为天宫一号和神舟八号成功实现交会对接作出了重要贡献，填补了国内空白。2011年，孙武获得中国载人航天工程突出贡献者、曾宪梓载人航天基金奖突出贡献者等荣誉。

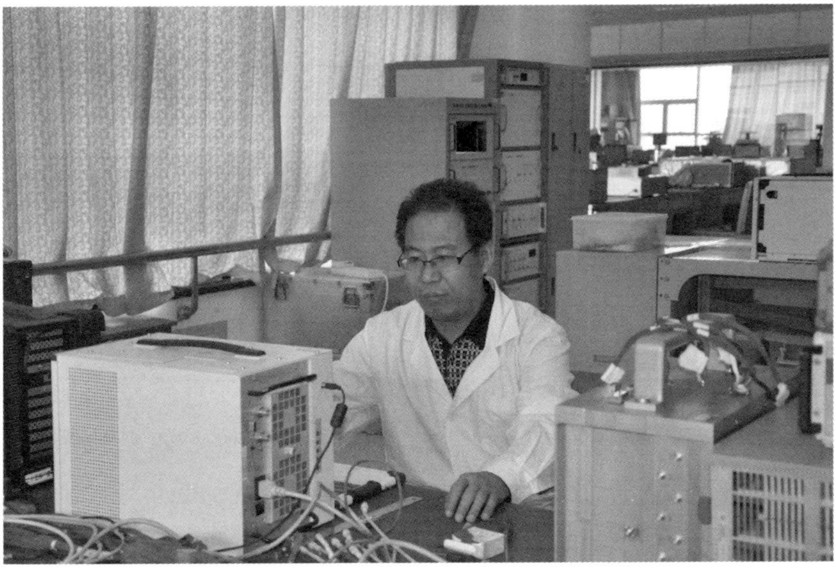

创新，从方案开始

2000年，孙武从法国获得博士学位后回国到25所工作，他的第一个课题就是预研课题——毫米波交会测量雷达演示系统。2002年，孙武在交会测量雷达演示验证的基础上，提出了伪码连续波干涉测角交会对接雷达方案，并坚信这项新技术将有广阔的发展前景。从此他踏上了漫长而艰辛的探索之路。

由于该方案没有太多的应用基础，为了让这项新技术尽快转化成产品，孙武对关键技术和关键器件逐项论证，足迹遍布成都、西安、南京等十余个城市。他结合自己留法所学和多年的研究成果，撰写了一套《伪码连续波干涉测角交会对接雷达系统论文集》，专门用于指导课题研制和产品生产。

因为创新，他们站在了微波雷达空间探测技术的最前沿；也因为创新，孙武和他的团队付出的比别人更多。几经波折，微波雷达原理样机诞生了。交会对接微波雷达成功实现在国内外处于领先地位的测量全功能、高精度和高可靠的微波雷达技术。高精度、高可靠、测量全功能等7项关键技术的突破和雷达体制上的创新性，决定了微波雷达具有明显的特点优势，主要体现在：搜索空域大、作用距离远，测量精度高，体积小、重量轻、功耗低、搜索捕获时间短、自主测量、不依赖外部信息、全天候测量、不受光照条件限制、没有机械运动、可靠性高、使用方便。

一次到位，执着的追求

浩瀚无垠的太空，天宫一号目标飞行器与神舟八号飞船两个重量极大、飞行速度极快的航天器，完成无缝对接，如果轨道测量或计算稍有偏差，就可能失之毫厘，缪以千里。2011年11月2日20时58分，交会对接微波雷达加电，正式进入交会对接试验过程，经过十多秒的开机校准和搜索后，微波雷达首先发现并锁定目标，此时神舟八号飞船和天宫一号目标飞行器相距219.6千米。此后，直至两个航天器成功实现对接，微波雷达全过程始终稳定跟踪。微波雷达递交了“首先目标、稳定跟踪、精确测量”的完美答卷。

孙武常说“一次到位”，这是微波雷达取得如此优异表现的关键因素。航天产品的体积、功耗、重量对于飞行器有很大的影响，减少体积、功耗、重量是孙武和团队一直追求的目标。

“做系统工程必须要进行系统的思考，尽量将问题考虑得更细、更全面、更彻底、更超前些，今后可以少走很多弯路!”在原理样机阶段，孙武都按照工程样机的要求，对各组合下发任务书，其中对设计规范以及后续测试，都提出了详细的要求，要求组合设计人员必须通过设计手段保证产品性能。用团队成员的话说：“孙总在技术上是绝对不讲情面的，绝对不能‘差不多’。”

从2007年立项，孙武和团队利用短短三年时间，就顺利完成产品交付。他们创造了航天产品的奇迹！正是“零缺陷”的质量观，使孙武他们抢占了产品质量和时间的制高点。

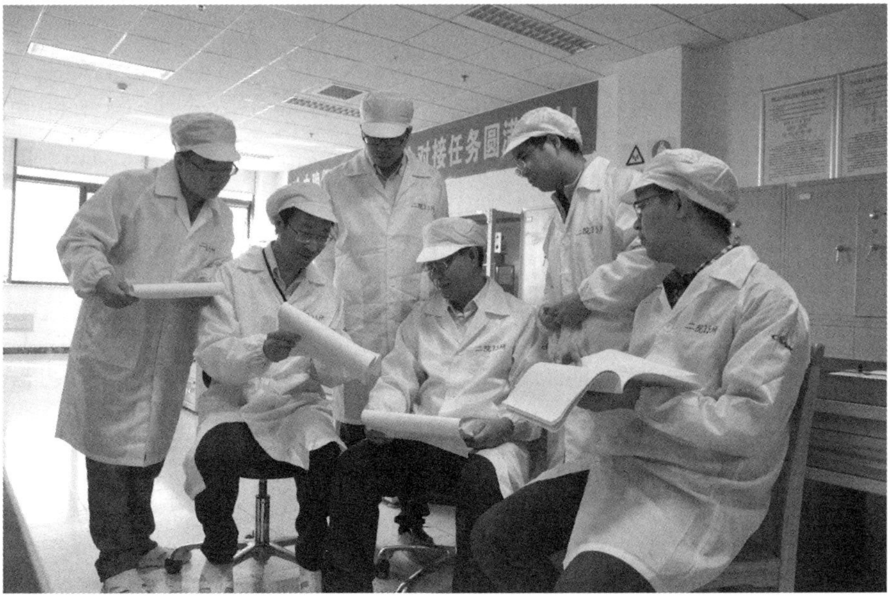

信心，来源于千锤百炼

2011年11月2日晚，站在对接大厅里的孙武充满了自信，他说：我对微波雷达有信心，因为它真正经历了“千锤百炼”。殊不知，为了微波雷达在交会对接任务中不辱使命，孙武他们和雷达一起经历着成百上千次试验的磨练！

从2007年到2010年，研制团队几乎是在各种试验中度过的。高塔试验、暗室试验、外场直升机挂飞试验、飞艇试验、抗干扰试验……每一次试验都是对性能指标的考验，更是对孙武和团队意志的考验。实验室彻夜的灯光、试验场凛冽的寒风、调试间里挥洒的汗水成为他们难忘的记忆。夏战三伏、冬斗三九。似火的骄阳下，将数十千克重的产品安装到130米高的铁塔上，汗水浸湿了衣衫，手上磨起了水泡；刺骨的寒风中，他们看守基站、观测数据，双脚冻得麻木，面颊冻得通红；还有直升机载挂飞试验中螺旋桨发出的巨大轰鸣，微波暗室封闭环境中长时间测试……

飞艇试验刚开始时，测量数据突然出现异常，几轮排查也没有找出问题所在。最后对测得的数据进行反复分析后，问题终于找到了，原来出在测量设备上，如此高精度的设备会出现问题是非常少见的。随后，孙武带领大家精心设计了多次试验，最终完成了问题定位，飞艇试验得以顺利往前推进。

在不到两年的时间内，微波雷达完成了7项单机性能验证试验、4项系统级验证试验、2项装船使用验证试验，一次通过了全部鉴定级试验。一年之内，他们圆满实现了产品从初样试验件、初样鉴定件到正样产品交付三个阶段的三次跨越。“我们就像一支在战壕里并肩战斗的队伍，微波雷达总指挥好比政委，孙总是带兵打仗的指挥员，我们把这样的奋斗精神称为‘亮剑精神’。”孙武的弟子蒋清富说。

奋斗的人们不会停止探索的脚步。如今，孙武正在带领团队成员一起，为我国的空间事业继续执着追求、默默奉献。

发表媒体：《科技日报》

发表时间：2012年3月10日

挫折是人生的财富

——记航天科工红峰公司副总经理王爱民

赵永新　王　健　汪　玲

［按］5 月 17 日，《人民日报》第 16 版《科技人生》以《挫折是人生的财富》为题，以长篇通讯的形式报道了红峰公司副总经理王爱民的科技人生。通讯主要写以王爱民为代表的航天科技人员刻苦攻关、拼搏奉献的感人事迹，高度赞扬王爱民“国家利益高于一切”的责任感和“科技强军、航天报国”的使命感。

男儿有泪不轻弹，只是未到伤心时。说起自己不幸夭折的第一个孩子，王爱民再也止不住眼中的泪水：“当时胎儿七个月，我因为有事出差，爱人一个人在家。晚上胎儿缺氧，她没有察觉，等三天后我回家带爱人去医院检查时，胎儿已经不行了。”

“如果我在家，这种事肯定不会发生……”。这位坚强的东北汉子没有哭出声来，只是让眼泪尽情地流着。

1979 年出生的王爱民，是哈尔滨工程大学电子科学与技术专业的本科生，2003 年毕业后到位于湖北孝感的航天科工四院所属的红峰厂当了一名技术员。第二年，他临危受命，接受了光纤陀螺的研制任务。从普通技工到受人尊敬的“大王”，王爱民及其团队研制的光纤陀螺能应用于多种领域，打破了国外垄断。

年轻的技术员，被硕士、博士们尊称为“师兄”“大王”

光纤陀螺是一种集光、机、电于一体的全固态角速率传感器，因为具备零部件少、灵敏度高、使用寿命长等明显优势，成为发达国家竞相追逐的对象，并垄断了关键技术。

要把比头发丝还细的光纤，均匀细密地缠绕到光纤环骨架上，听起来容易，实际上难于登天。2004 年 4 月，初生牛犊不怕虎的王爱民临危受命，到北京航空航天大学，与这里的光纤陀螺小组合作研发绕环机。

在由硕士、博士、教授组成的研制队伍中，只有本科文凭的王爱民是名副其实的小弟。面对怀疑的目光，他丝毫没有怯阵，从别人不愿意干的电控柜接线做起，跪在地上一根根地接、一根根地测，很快赢得了大家的认可。

之后，小组负责人又交给他一项任务：编写绕环机控制系统软件。王爱民面露难色：我从来没接触过软件。这位负责人给他找来几本英文书：你边学边干吧。只学过俄文的王爱民没说什么，买来一本英文词典，逐字逐句地翻译着艰涩难懂的专业术语，边学边干，硬是编出了合格的软件。

这年冬天，他转战到密云郊区一间空旷的厂房里，一待就是大半年。这里没有收音机、没有电视，与外界唯一的联系方式就是一部手机。工作、吃饭、睡觉、工作……王爱民像着魔了一样，冥思苦想着怎么解决绕环机研制中的“拦路虎”。2005 年 5 月，厂领导到密云探望，发现他还穿着大棉袄在厂房里忙活，居然不知道初夏已经来临。心疼的领导和同事带他去城里吃饭，所见所闻让他茫然：“县城这么大，街道这么宽，灯光这么亮——真的是待傻了。”

由于意见不一，他与项目负责人发生了激烈争吵。他说：“自己暗地里也哭过，委屈和难受只有自己知道。”他按照自己的思路，不停地试验、改进、再试验……终于在同年 8 月克服排纤不均匀、设备对边排列不整齐等难关，成功研制出国内第一台精度最高的光纤陀螺绕环机，各项指标均达到设计要求。

凭借这一关键设备，红峰成为国内首家实现光纤陀螺工程化生产的企业，所研制的产品覆盖单轴、双轴等四大系列、10 多种型号。

“我很感谢这段经历——今后碰到再大的困难也不怕了。”王爱民说。

烈日当空的废旧铁轨上，“推”出了替代进口的民用陀螺

2008 年年初，王爱民又接到新的任务：开发测量铁轨的民用光纤陀螺产品，当年 7 月交货。

“民用陀螺并不比军用的简单。”王爱民说，“军品用户的需求

非常清楚，各项指标都写在纸上，你只要拿出符合指标的东西就行了。民品客户却拿不出具体的性能指标，只能靠你自己拿到实践中去试。”

这年4月，他们到四川什邡，在一段废弃的轨道上做试验，结果不是很理想。他们便又回到厂里，重新对产品进行改进。

6月份他们再回到试验场地的时候，正值盛夏酷暑。为了赶工期，他们扛着沉甸甸的电源和各种试验工具，每天早上8点半赶到地处偏远的试验场，一直干到晚上6点。炎炎烈日下，他们推着轨道测试仪在轨道上来来回回，一遍又一遍地采集数据、分析测算……一个个都成了“汗人”。为节省时间，到了中午他们就蹲在轨道上吃盒饭，吃完了接着干。

“为防止晒伤，我们每人买了一顶草帽。”王爱民说，“但那里的太阳太毒了，我们都晒得跟非洲土著一样。”

功夫不负有心人，他们如期完成产品的开发，各项性能指标超过国外进口产品，实现了当年批量销售。目前，他们的陀螺已占据国内95%的铁路轨道检测系统，使铁路建设摆脱了使用进口陀螺带来的各种限制。

之后，王爱民又带领团队再接再厉，开发出用于石油勘探的测斜异型光纤陀螺。其中，直径32毫米的陀螺是国内直径最小的光纤陀螺，让国内外同行刮目相看。

你干的就是这样的活儿，照顾了工作就照顾不了家

刚工作那几年，由于经常出差，很少待在厂里，王爱民每次回厂都被门卫拦住看证件。有次看完证件，一个门卫自言自语：又来了个新人。

因为出差，他好几次与前来探望的父母擦肩而过。2008年3月，几年没见面的父亲第一次千里迢迢从东北赶到孝感来看他。在火车站，要到北京出差的王爱民刚好要上车，而父亲也刚从火车上

下来。他喊了一声“爸爸”，父亲幸好听见了，回头应了一声……

他的孩子已经9个月大了。自己忙得顾不过来，就把父母接过来照看小孩。

“其实这个时候是小孩最好玩的时候，我也很想多陪陪儿子。”

但他每天早出晚归，早晨离家时儿子没有醒，晚上回家已经睡了。“我只好等儿子半夜醒来才能陪他玩一会儿，那种感觉真的很好。”

“你干的就是这样的活儿，照顾了工作就照顾不了家。”王爱民说，同事们都是“白加黑”“五加二”，而且没有加班费。

让他和同事们“苦并且快乐着”的，是航天科工集团“国家利益高于一切”的核心价值观。“我刚来的时候也不太理解，但后来渐渐体会到，‘国家利益高于一切’在厂里并不是空话，而是体现在大家实实在在的行动中。”

“十佳青年”“模范共产党员”“省科技进步奖”……这些耀眼的光环并没有让王爱民飘飘然。他说：“我们还要研制精度更高、体积更小、成本更低的光纤陀螺，把它们应用到更广泛的领域。”

发表媒体：《人民日报》
发表时间：2012年5月17日

6000件神舟产品100%合格

——记全国五一劳动奖章获得者、中国航天科工三院111厂车工王阳

王　彪

人物名片

王阳，男，46岁，中国航天科工集团公司111厂机加车间工长、共产党员、高级技师，连续十年被评为集团公司先进个人，连续三年被评为集团公司劳动模范，先后获得沈阳市特等劳动模范、辽宁省五一劳动奖章、辽宁省劳动模范、国资委优秀共产党员、中国航天科工集团公司技术能手等荣誉称号。2012年喜获全国五一劳动奖章。

从1997年起，作为国家重点军工企业的111厂，承担起了神舟飞船十大关键件之一的分离连接机构的研制和生产任务。

此机构关系到飞船能否顺利返回地面，航天员能否安全着陆。作为单位项目组的主要成员，王阳承担了该机构关键件锁块的加工任务。

勇挑重担、善于攻关的能手

尽管缺乏直接参考的技术资料，但王阳最终以合格率100%的漂亮成绩，完成了首批锁块的加工任务，做到了“一次检验合格，一次交验合格”，确保了分离连接机构的研制成功。

从神舟一号无人飞船到神舟七号载人飞船的9年时间里，这个零件的关键工序加工都由王阳承担。交付的6000余件（套）产品均一次交验成功，合格率达100%，从未出现过任何质量问题和耽误工期的现象。

这不能不说是一个奇迹。

在神舟六号飞船胜利返回地面后，111厂神舟项目组被中华全国总工会授予了全国五一劳动奖状。这个集体荣誉凝聚了王阳的劳动和汗水。

2011年，作为车工班长的王阳成功组织完成了“神舟八号”和“天宫一号”交会对接的“分离连接机构”的加工任务。

作为一名共产党员，20多年来，王阳总是担负着关键零件的加工任务，次次都出色地完成任务。他先后解决多型号产品科研生产关键200余项，为祖国的国防工业奉献了自己的全部火和热。

肯于吃苦、甘于奉献的榜样

科研产品的加工具有少、散、难的特点，需要加工者开动脑筋自己制作各种工装夹具。这样准备时间长，工时较低，其工资奖金必然受影响。因此，一般人不愿意加工科研产品。

但是，王阳却做出了一个劳模的选择。他经常主动对领导讲：“有什么困难，有不好安排的‘瘦活’都给我，我来干。”2008年国庆节前，111 厂接到一批紧急产品交付任务。军令如山，王阳主动请战，国庆节一天都没休息，圆满完成了加工任务。

在超额完成任务的同时，他还非常关心 111 厂的发展，立足岗位提出合理化建议，仅一次改进工艺方法的建议，就使工效提高了两倍，创造价值 60 余万元。

王阳让人佩服的事还有很多。最令人感动的是他那种一心扑在工作上的劲头。

2009 年，他共完成了工时 8848 小时，1 年干了 4 年的活。自 2000 年以来的 10 年，他完成工时 48512 小时，相当于 10 年干了 20 年的活，被誉为走在时间前面的人。

质量过硬、敢于革新的标兵在车工的平凡岗位上，王阳创造了连续 21 年无废品的惊人纪录。

机加工人都知道，一名车工能连续 21 年无废品，是件多么了不起的事。这跟王阳多年来打下的坚实基础密切相关。

他对所承担的每一项任务，都认真地消化理解工艺文件，积极与工艺技术人员进行沟通，找出零件加工的最佳方案及途径，从而确保了加工件的质量。

对自己的加工特点，王阳总结了五条，即：一看，就是认真消化图纸，详细了解技术要求；二选，按工艺规范，选择合适的工装；三找，找出合理的切削参数；四细，细心操作、细心加工；五严，严格质量标准、严守检验制度。

王阳是这样说的，更是这样做的。

作为一名技术工人，他不仅在工作中敢于碰、善于啃硬骨头，还刻苦钻研、大胆实践，是一名技术革新的闯将。

3 年来，王阳技术革新 29 项，小改小革 53 项，有 28 项获省、市优秀成果奖，自制工装、改革刀具 62 项，提高工效 5～8 倍，改进加工方法 30 余项，有 13 项被纳入工艺规范，创造价值近百万元。他提出合理化建议 6 项，为公司节约创效 180 余万元。

“老实做人，踏实做事，无私奉献，航天报国。”王阳的这句人生格言，不仅是他工作的印证，更是事业的追求。

发表媒体：《中国航天报》

发表时间：2012 年 5 月 8 日

问天：我帮神舟找“平衡”

——专访第十六届“中国青年五四奖章”获得者于华男

尹小隐

在中国走向航天强国的征途上，年轻人没有缺席。

这个年轻的黑龙江男人，带领着他更年轻的团队，制造出了世界一流的宇宙飞船核心装置，演绎了中国青年一代的航天科技传奇。

飞天——从试验到实战

2012年6月16日晚，中国酒泉卫星发射中心。

“神九”在轰鸣的烈焰中腾空而起。

飞行控制中心的大厅里，坐在几千台电脑后面的各技术支持团队，不时为自己负责的工作取得成功而鼓掌欢呼。

一位肤色黝黑、浓眉大眼、身材厚实的工程师，却还沉默地盯着监视器，没有一丝笑容。时间一分一秒地过去，随着一级级推进器的分离，飞船飞出了大气层。6月18日，大厅里的人们通过大屏幕看到，神舟九号和天宫一号已经开始在太空中缓缓接近，就像两艘银白色的帆船。小小的船舱里，三名航天员各就各位，密切关注飞船的速度和方向。

此时，控制台前的工作人员终于开口报告：“有数据了！加速度仪工作正常！”

听到这个消息，于华男终于松了一口气，握住同事和兄弟单位同志伸过来的一双双手：“恭喜你们，太棒了！”“祝贺你，老于！”

同事口中的这位“老于”于华男，今年其实不过35岁，是中国航天科工三院下辖某所的一名工程师。就在一个多月前，他刚刚荣获了“中国青年五四奖章”和国家四部委联合颁发的“载人航天突出贡献者”荣誉称号。

于华男是在“神九”发射的前一天到达现场的。站在航天大楼前，眼望着远处直指云天的白色火箭，于华男不禁想起了上一次来酒泉……

那是2011年10月，“神八”发射时，他就在酒泉发射现场负责加速度仪的保障工作。那的确是令人紧张的时刻。在这之前，加速度仪只在地面上做过试验，从未有过机会上天，虽然已经经过了严酷的实验室考验，但在太空中的工作效果究竟怎样？能不能打这个保票？

“发射‘神八’的时候，心情更紧张一点，因为是我们这个产品首次升空。这个产品是为‘神八’与‘天宫’的交会对接专门研制的。它是飞船上非常关键的一个部件，如果它不能正常工作的话，那么交会对接的成功率就会大打折扣。”最终的结果不仅令人欣慰，更令人满意。

因为测量精度高，分辨率高，不但在交会对接阶段，而且在飞船变轨阶段，总体部门也采用了该产品的数据。当载人航天工程副总指挥、交会对接任务副总指挥长、科工集团许达哲总经理来到交会对接大楼现场指导时，载人航天工程总体部的同志对他翘起了大拇指说：“你们所的同志工作细致可靠，产品性能优异！”正是由于在“神八”项目中超额完成任务，这次“神九”载人状态的交会对接，才继续沿用了此产品，并且通过改进，增加新的功能，将“神八”所使用的某些设备取而代之，为飞船节省了宝贵的空间、荷载和能量。

“神八”发射成功的第二天早晨，于华男从宿舍的床上睁开眼睛，却忽然有点不真实的感觉：“想到飞船上有我们的产品，觉得有点不可思议。之前作为一个普通人，感受没这么深，现在，一想到那上面有我最了解的一个东西，有我的心血在里面，发挥了很重要的作用，那种感受还真是很奇妙。”

跨越——从军品级到宇航级

于华男来自中国东北地区的黑龙江省。他的家乡，是大平原上一座被地平线、盐碱地和草甸子环绕的小城。他在中学时代并不是同龄人中的佼佼者，但他正是靠着自己的勤勉、踏实、低调，十年磨一剑，一步步成长为中国航天事业的栋梁之才。

2004 年 2 月，27 岁的于华男从哈尔滨工程大学毕业，进入中国航天科工三院，开始从事设计工作，也是其所在所里引进的第一个博士生。而高学历并没有给他什么特权，刚成为一名航天人，他就和别的新同事一起，在沙漠腹地的航天基地里“熬”了三个月。

“那段时间，每天下了班，没有什么娱乐活动，我们这些小伙子就绕着基地一圈一圈走。那三个月，虽然看起来很无聊，但实际上学到了很多东西，成长更快。干我们这份工作，有的时候就得耐得住寂寞。”

那么，一个男孩要耐住多少寂寞，长出多少白发，才能变成真正的男人？这是在采访于华男的过程中，记者脑海中时常想起的一个问题。刚刚 35 岁的于华男，已经有了不少白发，他的同事纪兴红说，这些白发都是为“神八”工作的那段时间长出来的。

他最为难忘的，也是为“神八”研制加速度仪的那段日子。

给“神舟”造关键部件，对于所里的年轻人来说，既是一项令人激动的任务，也是一次新的重大挑战。“因为产品要用在神舟飞船里，要实现产品从军品级到宇航级的跨越，各方面都需要重新设计，电路也要重新画，做一次相关试验要两个多月，24 小时不停，一直都得有人在实验室值班。”

“记得当初在寻找标定方法时，也一度遇到很大困难，迟迟找不到解决方法。那天夜里，我们四个人互相鼓励，搞不定就绝不回家睡觉！在设计室里一直干到 3 点多钟。”最后终于解决了问题，工作可以继续推进。而这样的事情，他们已经记不得遇到过多少次了。

“我采取的是一种简单粗暴的领导方式。”于华男半开玩笑地说。而正是这句让同事会心一笑的“自白”，道出了于华男的个性特点——他拥有的是一个黑龙江男人的低调务实，并且性格十分随和，同事们虽然叫他“领导”，却经常和他开玩笑，他从来不会生气，总是笑呵呵的。但在工作中，他十分严肃认真，将每天的任务分解到每个小时，决定今天必须要完成的，即使是一夜不睡，也一定要完成。就这样，他的团队不知道在实验室里吃了多少顿“加班饭”。

就这样，“小黑盒”诞生了。

超越——从低调到辉煌

从外观上看，它并不符合大众对于高科技产品的种种想象，只是一个黑色金属盒子，方方正正，其貌不扬。上面只有几个排线接口，甚至并没有一块计算机的硬盘看起来更“高科技”。

如果只是把它放在桌子上，你很可能只会觉得这是一个小型的电子设备，绝对想不到，这就是在中国神舟飞船上的一个关键部件。它散发着一种独特的中国式的科技气息：简朴、低调，宛如来自 20 世纪五六十年代的某种工业器件。但它的作用却十分关键。当“神舟”飞船飞入茫茫太空，一次次变轨，缓缓接近银色的“天宫”，这个黑盒子会将飞船的实时加速度数据，也就是飞船速度变化的快慢情况，报告给地面的指挥控制中心，让中心掌握飞船的整体运动状态，就好像是最贴近“神舟”心脏的一个小精灵。

一般来说，人在坐电梯时感觉到的加速度，是 0.1g 左右，而“黑盒子”却能感知到远远小于 0.1g 的加速度，这种变化量，是人体根本感觉不到的。但这种精确度，对于在宇宙中缓缓接近的两艘小船来说，却至关重要。“这都得益于我们单位深厚的技术底蕴。

原来，在担负起帮“神舟”找平衡的重任之前，他已经在导弹相关技术领域，取得了一个又一个不俗的成绩，这也为他的团队啃下“硬骨头”积累了宝贵的经验。而“神八”“神九”所使用的高精度加速度仪组合，恰恰是导弹使用的惯性导航装置的一种“延伸”。

那时，他刚到所里不久，某型导弹的研制正处于关键时期，所里负责研制的控制系统遇到了技术瓶颈，于华男主动担负起了攻关任务。没有相关经验，他就向老同志请教，缺少技术资料，他就一遍遍跑图书馆搜集和整理。

经过近三个月的刻苦攻关，难题终于被攻克，研制工作得以顺利继续开展。“我是在这种解决问题的过程中，逐渐领会航天人的

‘四特’精神的。”所谓“四特”精神，就是特别能吃苦、特别能战斗、特别能攻关、特别能奉献的载人航天精神。同年，因为他的优异表现，所里决定授予他“优秀共产党员”荣誉称号。

与很多人所想的不同，像高精度加速度仪组合这种产品，是于华男的团队完全自主研发出来的，没有借助或依靠哪怕一点点的国外技术。“这种宇宙飞船的核心技术，任何一个国家都不会给你的，就得靠我们自己搞。”而他们的产品，也因此成为全世界独一无二的新型产品，获得自主专利号，在分辨率精度等指标上，达到了世界领先水平。

“可靠性是第一位的。因为不允许任何失败的可能。”从“神一”到“神七”，神舟飞船上一直在使用三款具备加速度测量功能的仪器。到“神八”的时候，“小黑盒”横空出世，最开始是作为备份，但在实战中，发现它的表现十分优异，比另两个“小兄弟”的精度高出一百倍，又非常稳定可靠，最后被定为正式设备。

奉献——从深夜到黎明

这是一群让人感到安心的年轻人。而这支队伍之所以能做到这一点，是因为他们秉持着一种“先让自己放心”的理念，“任何技术指标，最终为的都是让人放心，而想让别人放心之前，先得让自己放心。”于华男轻轻拍了拍自己的胸口。

也许这就是中国航天工程技术人才的统一特点：没有什么作秀表演，只有对自己手中工作无比认真负责、脚踏实地的作风；没有什么豪言壮语，只用最朴实却又智慧的语言，诠释着自己心中的那个航天梦。

古语有云：“窥一斑而见全豹”，从于华男和他的团队身上，我们看到的是整个中国科研自主创新的战斗力。从每一条电路的设计和改进开始，他们正一笔笔描绘出中国航天的光明未来。

于华男及其团队属于另一个大群体，那就是世界上平均年龄最小、最富有潜力的中国航天人才队伍。从1992年中国启动载人航天计划以来，培养和锻炼了一大批年轻的工程技术人才，从神舟六号之后，主要岗位上已经实现了新老交替。如今，新一代中国航天人已经从老一辈的肩上接过了重担，既传承了老航天的优良传统，也赋予了这份神圣使命新的色彩。目前，中国载人航天人才队伍的平均年龄约30岁。于华男的团队甚至更年轻。2011年，“神八”与“天宫”对接的时候，他们的平均年龄还不到30岁，就已经设计出了实战效果非常出色的加速度仪组合。

“能取得一点成绩，关键还是集团和院里提供了这样的机会和平台。我觉得能有机会参与到中国载人航天工程中来，是人生中很有意义的一段经历，说实话，很光荣，付出的这些辛苦，用大白话来说，值了！”回顾过去，于华男不动声色，但话语中却饱含真情。

高度可靠性的产品赢得了总体单位的高度信任，将继续在未来的航天工程中发挥关键作用。比如在计划于明年发射的嫦娥三号探测器上，就有于华男和同事们的心血，他们中的每个人，每个家庭，都默默付出了很多。

“为了能让航天员们平安归来，和家人团聚，我们牺牲点和家人团聚的时间是值得的。”于华南团队中的纪兴红笑着说道。为“神八”攻坚产品时，纪兴红的孩子刚两岁，她却经常要加班到深夜；黄程友刚刚当上爸爸，也没多少时间逗逗孩子；刘毅每天泡在实验室里，张秋月为了任务一次次将怀孕计划一推再推，今年已经35岁的于华男，也刚刚拥有了他生命里最宝贵的财富——健康可爱的女儿，但他仍然经常和同事们工作到深夜，不是坐在电脑前，就是伏在工作台上，要不就是守在实验室的设备边。

星光点点，照亮了一颗颗年轻却坚毅的航天之心。

发表媒体：《中国青年》
发表时间：2012年8月

胡万海“传奇”：传唱在那遥远的地方

刘华英

那年的秋天是一个普普通通的秋天，但是在几个着迷于控制论的年轻人看来，那却是一个充满希望与遐想的“春天”：还有一年就要大学毕业的他们收到了钱学森的回信。

老先生的字工工整整，端正漂亮。在信纸的背面，老人还用略带颤抖的字写下了他们学校的地址——告诉秘书准确寄达。

受到了鼓舞的年轻人决心去考钱老的学生宋健的研究生，彼时，他正在组织一批人搞经济控制论研究。搞控制论是大事情，他们想做大事情。

两年以后，这些年轻人再度聚首北京。他们的分数都上线了，但由于种种原因都没能如愿。

虽然与控制论研究失之交臂，但其中一个年轻人却从此与钱学森创建的导弹事业有了很多交集：在多年以后的国庆阅兵式上，他参与设计研制的某导弹方阵从天安门前隆隆驶过，“惊艳”全球。

如今，当年的那个年轻人已是航天的青年帅才，担纲某国家重点型号总设计师，在航天前辈的肩膀上续写着倚天长剑当空舞的“传奇”。

他，就是中国航天科工三院科技委副主任、国家某重点型号总设计师胡万海。

敢于自曝家丑　首倡整体式归零

某年暮春，国家某重点型号开赴试验场。

在大家的高度关注与期盼中，试验却连连遭遇挫折。虽然试验达到了大纲要求，但先后出现的意想不到的故障还是让人深深尝到了失利的苦楚。

面对基地“宇航级”的管理，没有经历过战略大型号管理的人知道了什么是“较真”。某外协厂的电动机出了问题，总工程师被叫到现场，一步步被追问着深挖问题的根源……挖到最后，一个大男人竟被问出了眼泪。

此时，当年那个被调剂到三院三部读研究生的年轻人胡万海，就在这个型号队伍里担任总设计师助理。多年以后，说起那次经历，他认为那是他最难忘的一段日子，刻骨铭心。从那之后，试验队开始了一年多的艰难整改。

为什么会经历如此惨痛的教训？胡万海认为，一个重要的原因就是一直以来大家都认为去试验场做试验就是要暴露问题的，所以进场前的验证工作不充分，设计状态也没有完全到位。

因此，研制团队调整思路，提出了“设计状态一次到位，试验场试验一次成功”的指导思想，决定抓关键、攻短线、避反复。并且，一年内不进试验场，充分进行地面验证试验，并对后续的任务计划做了明确的规范与考核要求。

那次失利成为三院型号研制管理的一个新起点，自此，他们拉开了型号研制精细化管理、科学化管理的大幕。两年以后，该型号再次进场，试验次次圆满成功，并由此从失败走向胜利，直到参加国庆大阅兵，从天安门前光荣驶过。

失利的教训比成功的经验更宝贵。站在前辈肩膀上的胡万海认识到：在科学面前，是问题躲不过，对待问题不能有半点疏忽，否则它会在最关键的时候狠狠地教训你。

因此，自担任国家某重点型号总设计师以来，他的质量分析报告暴露的问题都是最多的，有时甚至是其他型号的一、两倍。

有人说："这样不好吧，胡总，要不少写点？"但是胡万海和他队伍里的人可不认为这是件丢人的事情。"问题是不能回避和掩盖的，现在把它们拿到了阳光下，受到各方的监督，想不彻底解决都不可能。问题解决了，我们就是最大的受益者，这可是好事啊。"胡万海说。

把"家丑"暴露出来，只是迈向胜利的一小步，更重要的是如何成功归零。质量"双五条"归零是航天人常用的方法，但是在实践过程中，胡万海还是发现了一些问题。

比如，重视质量问题的技术解决，轻视了问题背后的管理根源。其实技术问题只是质量问题的表象，其对应的根源是某些管理环节的缺失。回避管理归零，无异于治标不治本，没有从根本上铲除滋生质量问题的土壤。还有，强调了改进措施的具体落实，而忽视了指导设计的基础规范。多数质量问题都可以归结到缺乏相应标准和规范上。

面对上述问题，如何使质量归零工作顺利完成呢？胡万海提出了整体式归零的方法。他认为，技术和管理不应截然分开，只有纯粹的管理归零（如有章不循、马虎大意等），没有纯粹的技术归零（总是有工作方法上的问题值得改进）。

整体式归零是一个系统工作，想做好就要从源头的规范制定，以及加强培训、单位归零等做起。秉持这样的观念，多年来，他们形成了几十大本的技术规范和管理规定、上千人次的型号设计师培训与持证上岗、十几个单位的整体归零、一大批专家智囊的竭力服务……

做好归零工作，人是首要因素。胡万海说，一定要给予型号队伍充分的信任和鼓励，努力带好队伍。他经常鼓励年轻人，不要被深奥的理论吓倒。“空气动力学那么难，冯·卡门敢于尝试，不断从试验中总结规律，不还是在空气动力学理论的发展中作出了卓越的贡献了？同理，只要整个团队不被困难吓倒，下定决心全力以赴去归零，就没有办不到的。”正是有了扎实的归零工作，自从担任国家某重点型号总设计师以来，胡万海和他的团队就不断刷新着进场后完成多发研制性试验任务的最短时间记录：第一年 36 天，第二年 27 天！

其原因不言而喻：敢暴“家丑”，科学归零，管理走顺，能力提升，任务自然就能完成得又快又好。

发射前的不紧张　源自创新与加码

某次试验发射前 1 分钟，坐在胡万海身边的基地首长问他紧张不紧张，胡万海说不紧张。那个领导不信，抓过来他的手说：“真的吗？让我来测测你的脉搏。”一测脉搏果然很正常，他真的不紧张。

发射之前一点都不紧张，胡万海有什么秘诀吗？

他的抗压能力超强，妻子曾开玩笑说他鲁棒性强。鲁棒性是一个控制理论术语，是设备强壮性稳定性的意思。作为型号总设计师，他的工作压力很大，但他从未因此失眠过。

有一次，家里人在他躺下后做了一个“测试”：“一，二，三”，儿子刚数到第 3 下，胡万海的鼾声就响起来了。

其实，如何使自己不紧张，胡万海心里最清楚。早在做总设计师之前，他就听说过总设计师一定要有一颗坚强的心脏，能够禁得住发射前极度紧张气氛的考验。

为了使自己不紧张，他从成为总设计师那天起，就要求自己在发射前把该想到的都想到，该做到的都做到。与此同时，他还不断自我加码、自我超越。

胡万海的父亲是一名地质队员，少年时期他跟着父亲的地质队在山东烟台、泰安、高密等多个地区“转战”，有一半时间都在学校以外自学，因此自学能力很强，到高中时已经自学了微积分，还经常小试牛刀用它快速解决高中的数学难题。高考时，最后一道数学题求极值，他放弃了高中数学的常规方法而采用微积分来解决。

刚参加工作时，闲不住的胡万海开发了很多软件。有的还编成书发售了，现在还能从网上买到。他还建立了自己的工作室。当时，他有单位“四大电脑”之一的美称，很多人刚参加工作时使用的软件都是他编的。

胡万海似乎对创新有一种与生俱来的喜欢。

他认为，用户的要求只是底线，要做到“国家利益高于一切”，就要尽全力拿出最好的产品。“国家某重点型号产品的亮点大都是我们自己主动加码形成的。”他说，“其最大的特点是信息化能力有了极大提升”。

比如，正在推动建立的基于健康预测的维修保障体系，在产品上装上一个传感器，采集产品环境基础数据。这就像给产品佩戴个“holter”（记录24小时动态心电图运动状况的仪器），全天候监测其身边的环境与自身健康情况，非常方便。此外，胡万海在发射车的设计上也动了一番脑筋：车内经过改造，操作手可以享受到驾驭私家车的舒适与温馨。而车的外观经过专业设计后犹如一个健硕伶俐的大“猎豹”。据说，从某个角度看起来，“猎豹”给人的震撼与摄人魂魄的感觉不亚于欣赏好莱坞大片。

原来，之所以不紧张，是因为胡万海在不断自我加码的过程中把产品做到了最好，早就超出了考核标准。就像一个人每次都能考100分甚至100分以上，你若用85分的标准去考查他，他当然能够胜算在握，轻松应对了。

想看张火丁的演出　爱唱《遥远的地方》

有一年春节，当电视里传来《常回家看看》这首歌时，从不轻易流泪的胡万海眼睛湿润了。想起自己上大学以来就离开家，离开了父母，加之近年来工作实在太忙，回家看望和陪伴父母的时间太少了……

前些年，在胡万海办公桌上放着一幅画《祝所有的人都平安》。那是5岁的儿子在“非典”流行的那年画的，送给冒着“白色恐怖”去做试验的爸爸。如今，进入青春期的儿子多少和他有些隔阂。“平时和孩子沟通得太少了。”胡万海有些遗憾。孩子今年中考，胡万海又多了一份牵挂。

尽管工作非常忙，妻子每次过生日都会收到胡万海送的鲜花。

有一次，她带着孩子去三亚度假，突然收到了鲜花和蛋糕，非常惊喜。后来还是儿子说漏了嘴，泄露了那是在北京的爸爸“安排”的。多年以后，妻子一直对那次的鲜花和蛋糕记忆犹新。“他是个心很细的人，觉得平时对家里亏欠得太多了。”妻子说。胡万海太忙了，但是如果能回家，哪怕是夜里一两点钟他也回来。

如果有时间的话，胡万海说，想去看张火丁的演出。张火丁是著名的程派艺术传人。胡万海有个朋友就是程派票友，他因此也被程派的艺术深深吸引。

张火丁被誉为“天生的青衣，以简胜繁，以静制动，以柔克刚。”这正是程派的精髓——不随波逐流、浮躁迎合，能静下心来刻苦钻研京剧艺术，功底深厚，独树一帜，是个真正的艺术家。尽管已经成就非凡，但为人极其低调，远离追名逐利的浮华社会，一心追求艺术的真谛。

这就是胡万海的张火丁印象。

搞科学研究不是一样也需要耐得住寂寞，舍得了功利，抛得下浮躁吗？科学研究的道路从来都不是轻松的坦途，如果不能静下心来，踏踏实实地做学问、搞研究，吃得了苦、受得了累，甚至要承受得了常人所不能承受的误解与委屈，怎么能够实现理想和价值，创造不凡的传奇呢？

从这种意义上说，航天科研工作者和京剧艺术家一样，都是在艰辛的探索中追求卓越，发现并创造着世间的真与美。

胡万海是个喜欢唱歌的人。

“在遥远的地方，那里云雾在荡漾，微风轻轻吹来，掀起一片麦浪……”，这首他爱唱的歌曲《遥远的地方》，仿佛能把人带回到俄罗斯卫国战争那个火热的年代。那激昂向上的旋律让多少热血沸腾的男儿奔赴疆场，那柔美含蓄的意境让多少思念和情愫在战士的心中荡漾，那澎湃的力量和深沉的情怀总能触动人内心深处最柔软的地方，激起层层涟漪，引发深深震撼。

每当胡万海唱起这首歌，家乡、爱人和祖国都会浮现在他眼前。“在遥远的地方，在大森林的那边，我时刻都在保卫着你和祖国……”。在遥远的地方，有人静静守卫在边疆；在遥远的地方，有人铸剑为国防，哼唱着新时期航天人的传奇与衷肠……

发表媒体：《中国航天报》

发表时间：2012年10月11日

洪流勇进志飞翔

——记六院江河公司装药分厂厂长李洪翔

汪爱民

风趣的谈吐、儒雅的举止、清晰的思维……勾勒出李洪翔的生动形象。李洪翔在“仕途”上可谓阅历丰富，先后在多个主要车间担任过党政一肩挑的“一把手”，每次走马上任总是受命于危难之际，但他从来没有辜负使命，善于在困境中开拓一片崭新天地。2009年，他先后担任装药分厂党支部书记与分厂厂长、党支部书记。经过三年多的励精图治，装药分厂在管理上、职工思想上迈上了新台阶，科研生产任务年年“红盘收官”。李洪翔有什么秘诀使他一路攻坚克难、所向披靡呢？

秘诀一：谋定！谋定！

“谋定而后动!”这是李洪翔推崇的首要秘诀。走马上任装药分厂厂长的李洪翔并没有立即拿出“施政纲领”发号施令，而是从技术、管理层面细细调查研究。同时，一头扎进班组了解运行情况以及一线人员的思想动态。经过研究发现装药分厂在管理上存在流程不畅、责任衔接不清等欠缺之处。在此基础上，通过与技术人员、管理人员、班组长、一线骨干工人进行交流、座谈，听取建议和意见，逐步形成了具有创新思维的管理方式。过去，各班组各自为政，从生产准备到产品交付下道工序由班组“包办”，容易“打乱仗”，费时又费工。李洪翔做出了一个大胆的决策，将分厂生产准备工作从科研生产中分离出来，成立了具有历史意义的“生产准备组”，即分厂从称量、混合、浇注等7个班组的生产准备都由生产准备组来完成，形成分厂“大准备”的格局，从而避免了因为班组科研生产因准备不足而导致的质量、安全问题。同时生产准备组负责的职能更加清晰，目标更加明确，提前为科研生产任务做好了准备。就如厨房做菜一样，各种作料、器具、品种一应俱全，无论炒、煮、炸、蒸、煎，做起来都清爽利索、心无旁骛，这样做出的菜肴哪有不“口口美味”呢？这一“谋定”，解决了困扰装药分厂多年的瓶颈，科研生产效率提高了10％。

2012年第四季度，装药分厂科研生产任务依然繁重，针对公司提出的“军民线大干一百天，新业绩献礼十八大”号召，李洪翔提前谋划，充分考虑高能高燃速、研制批产任务交叉、气候变化等因素，重点是抓好科研生产计划，做好批产和研制、管理与安全保障工作，抓好技术状态的协调，稳步推进科研生产任务。截止到10月底，分厂已经完成年度五分之四的任务，实现全年丰收在望。

秘诀二：流程！流程！

“做流程，就是把每个岗位、每个人该做的事固定下来，每个人知道自己该做什么事，该如何做。”李洪翔说起这个管理方法似乎很轻松。但当笔者打开装药分厂“流程”的扉页时，图表、文字、注释等一应俱全。乍看觉得繁琐，细细读之，一种鲜活的管理动感跃然纸上！30余项近4万字的流程、制度覆盖装药分厂的方方面面、角角落落。安全、质量、工艺、设备等无一不囊括其中。

装药分厂的科研生产具有集体作业性质，大家干活很难分清谁干多谁干少，出了问题难以追究责任，往往在“法不责众”的掩饰下大事化小、小事化了。要解决这个管理难题，李洪翔亲自到各班组“蹲点”，与班组职工共同在科研生产线上“摸爬滚打”，掌握第一手资料。在调研中，他了解到从分厂管理、技术、到班组工序、职工操作的流程不清晰是影响安全质量和进度的关键环节。于是，他在流程编制上狠下功夫。产品从进入装药分厂到移交到下道工序，总流程把握了型号生产的时间和空间，不得有误。对每个岗位、工序、人员操作进行流程细化。下面一个细节可见一斑：“工装转运前，由大型脱模整形岗位提前打电话与生产准备岗位预约，内、外工装转运到位后，由大型脱模整形负责吊具的准备并挂吊钩。工装起吊、数量清点、外观质量问题由生产准备岗位负责操作、检查。工装伞块转运时必须使用产品专用车，并采取相应的防护措施。工装不允许有残药、碰伤、严重锈蚀……”“大发动机入料时，由大型浇注负责将主发动机吊到平板车上推进固化炉，并协助将随机方坯、小发动机等一同入炉。硫化岗位负责对发动机出炉、转炉的产品编号、数量、批次进行核对……”流程和制度明确了责任，杜绝和减少了推诿扯皮现象。

“不谋一域者，不足以谋天下”。在近4万字的流程、制度中，着墨最多的是安全问题，也是细化到“毫厘”的一项。对10余个岗位、工位制定了与安全相关的规定300多条，是操作工人必须逐条对照执行的，禁止跨越“红线”。严格的制度和流程管理扼住了安全生产的要害，使装药分厂在安全的轨道上运行，为完成任务奠定了扎实基础。

秘诀三：思想！思想！

“管理最难的是管思想，职工思想理顺了，就是最大的动力！”李洪翔是分厂厂长，更是党支部书记。他对职工的思想管理与行政管理达到了炉火纯青的地步。

分厂将“大干”与创先争优、管理提升活动相结合，发挥党支部战斗堡垒作用和党员先锋模范作用，根据党员分布情况，分岗、分片设立了6个党员责任区，每个党员实行承诺，保证安全质量问题不在本岗（片）发生，进度不在本岗（片）耽搁。在他的笔记本里装着包括性格、家庭、岗位、智商、情商等在内的人员信息档案，做到对每位职工了如指掌，对职工的思想问题对症下药。从而在思想上把握动态，调动职工积极性，同时也随时注意消除职工因思想问题带来的安全质量隐患。一名职工在工作中积极性很高，每次接受任务后他都冲在最前面，但总是出现不大不小的问题。李洪翔根据他的特点，将他调到合适的岗位，既调动了他的积极性，又减少了影响安全质量的因素。

笔者曾经参加过装药分厂的一次讲评会，李洪翔“批评”一名喜欢“吹牛”的职工：“肯定自己的优点不是吹牛，相反，是一种诚实的表现。一个人取得事业和社会中的成功，其中的因素是很多的，机遇、环境、心态、努力、工作等等。但很重要的一点是，你取得成功要靠你自身的优势。敢于肯定自己的人，才能从容面对批评和虚心听取意见，便于扬长避短……”看似有些不着边际的话语，却闪烁着深度的思想光芒，一种引导力昭然若揭。不露痕迹的批评，一针见血又不伤和谐，这也是思想政治工作的一种艺术！谁不会有所触动、有所启迪呢？

作为管理者，人格魅力是凝聚职工的无形之手。在“大干”中，李洪翔始终与职工同甘共苦，职工加班加点，他也坚守在岗，工人干活到深夜，他全程陪同，节假日只要有任务，他绝不给自己放假……

目前，李洪翔及其领导班子正带领装药分厂职工，以昂扬的斗志向完成全年任务发力“冲刺”……

肩扛千斤重担一路走来，他带领装药分厂150多名职工，创造了无安全质量事故、每年圆满完成任务的佳绩。2006—2011年连续6年被江河公司评为“优秀中层干部”。2012年荣获六院创先争优优秀党员称号。装药分厂荣获科工集团“创先争优先进党支部”称号。

发表媒体：《中国航天报》

发表时间：2012年11月27日